Herbert Knappstein

Ja, bin ich denn der Leo?

ALLTAGSSPRACHE IM SAUERLAND

Mit 21 Farbfotos vom Rothaarsteig-Fotografen Klaus-Peter Kappest

Worte, Orte, Land *und* Leute.

Copyright © Knappstein und WOLL

WOLL-Verlag · Kückelheim 11 · 57392 Schmallenberg

Autor: Herbert Knappstein

Fotos: Klaus-Peter Kappest

Texterfassung: Carina Middel, Katharina Rieland

Lektorat: Carina Middel

Konzeption/Coverlayout: Rainer Zepernick

DTP-Satz: Glade-Druck, Schmallenberg

Druck: CPI Books GmbH, Leck

ISBN 978-3-943681-01-7

1. Auflage: Februar 2012

2. Auflage: August 2012

3. Auflage: Dezember 2012

4. Auflage: März 2014

5. Auflage: Februar 2016

Allen Sauerländern in der Heimat
und überall in der Welt gewidmet

Inhalt

Grußwort   7

Vorbemerkung   17

Das Reden tut dem Menschen gut   19

Teil I:
Alltagssprache im Sauerland:
Wörter von A bis Z   21

Teil II:
Sprüche am laufenden Band:
Redewendungen von A bis Z   121

Teil III:
„Ach du dicker Vatter, gezz kommen'se
auch noch mit Grammatik umme Ecke!"   149

Teil IV:
Sauerländer Schimpfwörterlitanei   157

Der Sauerländer   188

Die Frage auf Facebook „Warum gibt es kein Poster mit Sauerländer Wörtern?" gab kurz vor Weihnachten 2011 den Anstoß, ein solches Poster mit bekannten Begriffen der Sauerländer Alltagssprache zu gestalten und zu drucken. Inzwischen hängen die Sauerländer Wörter gerahmt oder ungerahmt in Studentenbuden, Fluren, Wohnzimmern und Büroräumen. Nicht nur im Sauerland, sondern in der ganzen Welt. Eine rege Diskussion über die Bedeutung der Worte und Begriffe erfreut die Herzen zahlreicher Besucher auf der zugehörigen Facebook-Seite. Es lag daher nahe, den Autor des vor vielen Jahren erschienenen Buches „Ja, bin ich denn der Leo? – Alltagssprache im Sauerland", Herbert Knappstein, zu fragen, ob er nicht eine Neuauflage dieses Bestsellers veröffentlichen wolle. Herbert Knappstein fand die Idee gut und hat das Projekt sofort unterstützt. Lektorin Carina Middel tippte mit sauerländischem Fleiß das Manuskript ab, hat es dort, wo erforderlich, korrigiert, ergänzt und erweitert. Rainer Zepernick feilte mit friesischer Beharrlichkeit am Layout und vor allem am Umschlag. Und Rothaarsteig-Fotograf Klaus-Peter Kappest hat eine kleine Auswahl seiner wunderschönen Aufnahmen aus dem Sauerland beigesteuert, um einzelne Worte besonders in Szene zu setzen. Die manchmal deftige, aber immer direkte Alltagssprache im Sauerland lässt ein wenig erahnen, was die Mentalität und Lebensart der Sauerländer auszeichnet.

Bei allem Fleiß wissen wir, dass dieses Büchlein nicht vollständig ist und durch weitere Begriffe und Redewendungen erweitert werden müsste. Dazu lade ich Sie, liebe Leserinnen und Leser, gerne ein. Schicken Sie mir eine E-Mail an info@woll-magazin.de oder beteiligen Sie sich an der Diskussion auf unserer Facebook-Seite www.facebook.com/wollmagazin. Auf jeden Fall wünsche ich Ihnen viel Freude und Lesespaß mit diesem Buch der Sauerländer Alltagssprache. Woll!

Hermann-J. Hoffe   Schmallenberg, im August 2012

Herbert Knappstein, ein wasch-
echter Sauerländer Junge,
hat bereits mit seinen früheren
Buchveröffentlichungen bewiesen,
dass ein Möbelhändler nicht nur
Möbel im Kopf haben muss. Prosa,
Lyrik und die Verbundenheit zu
unserer Heimat lassen ihn immer
wieder zur Feder greifen.
Mit dem vorliegenden Band
beweist Herbert Knappstein erneut

seine Liebe zum Sauerland und zu seinen Bewohnern. Lange war
er unterwegs, um möglichst viele und typische Ausdrücke und
Sprüche zusammenzutragen. Dabei ist nebenbei auch ein beach-
tenswertes Vokabular an typischen, aber auch allgemeinen
Schimpfwörtern zum Vorschein gekommen. Besonders die dazu-
gehörigen Erklärungen sollte man nicht überlesen. Als ich mir
dieses Werk zum ersten Mal zur Hand nahm, kam ich aus dem
Schmunzeln nicht wieder heraus.

Ihnen, liebe Leserinnen und Leser, wird es sicherlich genauso
gehen, vor allem dann, wenn Sie selbst im Sauerland aufgewachsen sind und manchmal den einen oder anderen dieser
Ausdrücke gebrauchen.

Ich wünsche Ihnen recht viel Freude beim Lesen.

Ihr
Paul Senske
Chefredakteur, Radio Sauerland

Strülleken

Blagen

Knille

Kavenlsmann

Pinneken

ipsig

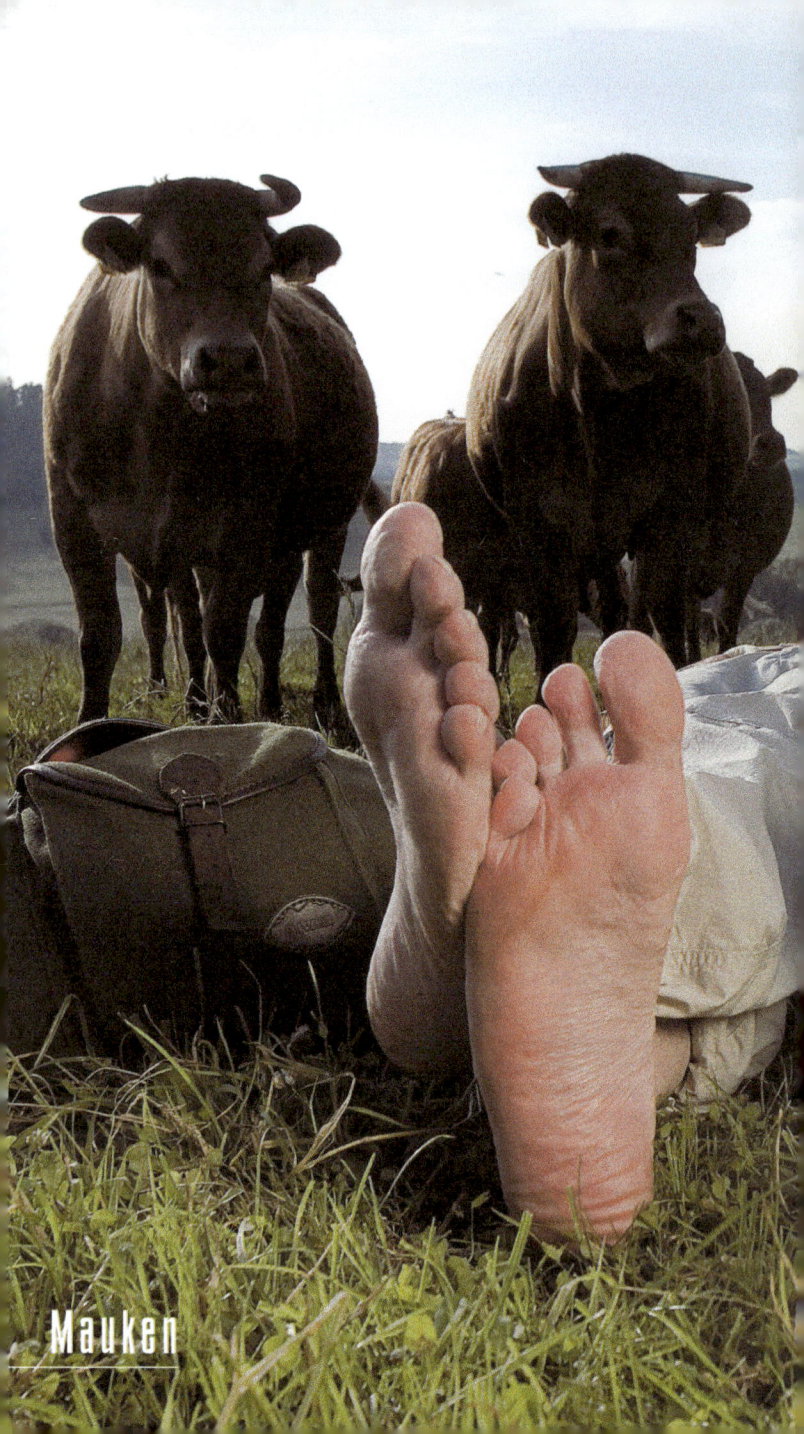

Mauken

Brand

Maloche

Das vorliegende Nachschlagewerk ist ein Buch über die Alltagssprache des Sauerlandes: nicht über Hochdeutsch oder Schrift-
deutsch, eine Hochsprache, die in Württemberg oder Sachsen
ohne Weiteres verstanden wird. Erzählen Sie Ihrem Bekannten aus
Stuttgart oder Leipzig von Ihrem Sohn, wie der auf seinem Fiffi
mit Foffo durchs Geplänte pehst, dat eim de Sprickeln umme
Ohren fliegen – Sie werden Verständnislosigkeit ernten.

Das Buch ist aber auch kein Lexikon des sauerländischen Platts!
Leider wird dieses nur noch von einer Minderheit gesprochen und
die jungen Leute verstehen es zumeist gar nicht mehr. Trotzdem
hat das Plattdeutsche mit seinen derben Wörtern, Ausdrücken
und mit den kräftigen Vokalen die Umgangssprache des
Sauerlandes maßgeblich geprägt.

Natürlich haben Begriffe aus dem nachbarlichen, westfälischen
Ruhrgebiet genauso Pate gestanden, wie das wohl auch umgekehrt
der Fall gewesen sein wird, auch Begriffe aus dem Münsterlän-
dischen, Jiddischen und der „Gaunersprache" sowie die fetzigen
Laute der Jugendsprache bestimmen diese lebendige Mundart des
Sauerländer Alltags.

Es ist die Sprache, die man zuhause, in Kneipen, auf Sportplätzen
oder im Berufsleben täglich hört und spricht: bequem wie ein
Paar ausgelatschter Pantoffeln, die nirgends drücken oder kneifen.
Oft ist die Sprache grob, aber immer geradeaus. Sie kennt keine
Verniedlichungen und Schönfärberei, sondern sagt, wie es eben
ist, und das meist überdeutlich. Man kann sie nicht lernen, nicht
einmal bewusst sprechen. Man hat sie eben drin oder nicht.

Und die Freude daran beflügelte mich, typische Begriffe zu sammeln und niederzuschreiben, ohne Anspruch auf Vollständigkeit und auch ohne Anspruch auf Übereinstimmung der Bedeutung einzelner Wörter im gesamten Gebiet des Sauerlandes.

Teilweise war die Grenze des typischen sauerländischen Alltagsdeutsch nicht einfach zu ziehen. Im Zweifelsfall entschied ein großes Maß an Originalität.

In diesem Zusammenhang bedanke ich mich bei all meinen Freunden und Bekannten, die mir durch originelle Sprüche, Witze und Dönekes die Arbeit erheblich erleichterten.

Meschede, im Juli 2012

Herbert Knappstein

Das Reden tut dem Menschen gut

Das Reden tut dem Menschen gut,
wenn man es nämlich selber tut.
Wogegen, wenn man nix versteht,
das Mundwerk umso schwerer geht.

Drum fuhr ich durch das Sauerland
mit offnem Ohr und mit Verstand
und lauschte hier, und hörte dort
manch schönes Sauerländer Wort.

Ich saß in Kneipen, mancher Küche,
hört manchen Stuss und arge Sprüche.
Zieht sie euch rein, sie sind famos.
Ab, auf die Plätze, gleich geht's los:

Ein Püster, das is hier ein Schrotschießgewehr.
Ein Ballermann is kleiner und nich gar so schwer.
Für „nörgeln" und „meckern", da sagt man hier „motzen",
„gibt an wie'n Sack Sülze" für zu starkes Protzen.
Ein Bunke is jemand, der nich sehr galant,
dat schnallet fast ein jeder im Sauerland.

„Gib mir ein Streichholz" heißt „Schmeiß ma n paar Sticken",
geht was kaputt, dann gehts inne Wicken.
Das Friggen is, wenn man mit Mädchen verkehrt.
Ein Hund is ein Ruihen, ein Zosse ein Pferd.
Der Schmacht is der Hunger, für „Durst" sagt man „Brand",
den löscht man mit Pils aus dem Sauerland.

Für „Geld" sagt man „Patte" oder „richtige Asche",
hat einer Glück, dann hat er ’n Papst inner Tasche.
„Oschi", so nennt man nen Gegenstand,
der schwer von Gewicht is und sehr imposant.
Und is einer kniepig trotz reichlich viel Asche,
dann hat er nen Igel bestimmt inner Tasche.

Ein Pummel is ein etwas dickliches Kind.
„Mach voran", sagt man, „beeil dich, geschwind."
Einen „Bremsklotz", gebraten, für „Frikadelle".
Latüchten sind Lampen, nich sonderlich helle.
Und gehn sie kaputt, dann gehts inne Uhr,
dat schnallt ein jeder an Lenne und Ruhr.

Der Lorenz, der sticht mit Karacho und Wonne,
vom Himmel herunter, er is ja die Sonne.
Und macht er ne Biege am Himmelszelt,
dann plästerts wahne auf Wiesen und Feld.
Der Vollmond wird auch gern „Lorenz" genannt,
doch nur von den Spritis im Sauerland.

Zu „Kind" sagt man „Blag", zu „Ziege" „Hitte",
und kommts aus der Nase, dann iset de Schnütte.
Kommt einer dir doof, so ein Naseweiß,
dann fragst du ihn: „Hast du die Pfanne heiß?"
Doch der steht wie’n Pohl, entgegnet des Weitern,
ich hätte wohl selbst die Pfanne am Eitern!

Und „Fresse", dat sangse zu deinem Gesicht,
„Ehs" oder „Futt", wenn man vom Gegenteil spricht.
Und mischt man beides ganz unverfroren,
dann spricht man vom „Arsch, nur einer mit Ohren".
Und magst du die Sprüche und hats dir gefallen,
dann hasset kapiert, dann bisset am Schnallen.

Teil I

Alltagssprache im Sauerland: Wörter von A bis Z

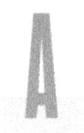

Aas, das

auch „Oos"; raffiniertes, leicht durchtriebenes weibliches Wesen
„Dat Aas hat mich gestern am Kino versetzt!"

abdrücken

zahlen, bezahlen; gemeint ist eher das Zahlen-Müssen,
das unfreiwillige Zahlen
„Na, wie viel musste denn beim Sheriff abdrücken?"

abklabastern

von Pontius nach Pilatus laufen, um etwas Bestimmtes zu
bekommen
**„Um so nen Zwirn zu kriegen, hab ich fünfzehn Läden
abklabastert."**

abknöpfen

auch „abknöppen"; abnehmen, meist Geld oder Wertsachen,
die man von jemandem (wieder)bekommen will
„Wie viel muss ich dem Kerl abknöpfen?"

abluchsen

durch List oder Tücke jemandem etwas abnehmen
„Eins von den Klunkern hab ich dem Kerl abgeluchst."

abmurksen

derb für: töten, umbringen; auch „einen Vergasermotor abwürgen"
„Na, haste die olle Nuckelpinne wieder abgemurkst?"

abschleppen

meist; vom Mann aus betrachtet, eine Frau erobern und „mitneh-
men"
„Mann, da haste aber vorigen Sonntag ne Reuze abgeschleppt!"

abstottern

in Raten bezahlen, wobei die Schwierigkeit des Abbezahlens
mitausgedrückt wird
„Noch fünf Jahre, dann hab ich die Bude abgestottert!"

abzischen

verschwinden, sich entfernen; meist wird man dazu angeraunzt
„Dein Bier kannste noch löhnen, aber dann zisch hurtig ab!"

allemachen

fertigmachen, zu Boden schlagen, umbringen
„Wenn der mich betuppt hat, dann mach ich ihn alle!"

Alte, der/die

a) der Alte
   Bezeichnung für den Vorgesetzten, den Chef, wenn dieser
   nicht zugegen ist
   „Der Alte is gestern aufer Firma voll ausgerastet."
b) die Alte
   nicht gerade liebevolle Bezeichnung für die Ehefrau
   „Fred musste gehen, seine Alte hatte dat Essen fertig."
c) die Alten
   jugendsprachlich für: die Eltern
   „Ich check meine Alten da echt nich!"

anbölken

laut beschimpfen, anschreien; Ausdruck wird meist von dem benutzt, der (mit)angebölkt wird

„Mannomann, hat der Alte mich gestern wieder angebölkt."

anhauen

nach etwas fragen, recht grob um etwas bitten

„Kannste den Kerl nich mal anhauen, ob er dir dat Dingens nich mal ausleiht?"

anno tuck

antik, aus längst vergangener Zeit, die nicht genau zu definieren ist

„Kalle hat sich son Schnapp von anno tuck inne Stube gestellt!"

anpflaumen

kurz und dialogfrei anschreien oder zurechtweisen

„Ey du, Knatschkopp, pflaum de Blagen nich so an!"

anscheißen

jemanden verraten, anzeigen, verpfeifen

„Gerda hat ihn beim Alten angeschissen."

anspitzen

jemanden drängen, anstiften, etwas zu tun, leichten Druck ausüben, schimpfen

„Wer hatn denn dazu angespitzt?"

Asche, die

viel Geld; oft mit dem Zusatz „richtig(e)"

„Der hat richtige Asche!"

ausbüchsen

heimlich verschwinden, abhauen
„Du, der hats beim Barras nicht mehr ausgehalten, der is ausgebüchst!"

aushaken

die Gelassenheit oder Geduld ein wenig verlieren, Anzeichen für Unmut über etwas Geschehenes zeigen
„Gezz hakts aber langsam bei mir aus!"

ausrasten

ähnlich wie „aushaken"; meint aber den vollkommenen Verlust der Geduld, oft nach einer schlechten Begebenheit
„Pass auf, dasser nich völlig ausrastet!"

B

baff

verblüfft, überrascht, erstaunt
„Na, da biste baff, was?"

baggern

auch „anbaggern"; versuchen, mit dem anderen Geschlecht anzubändeln, in Kontakt zu treten, meist vonseiten des Mannes
„Heute probier ich, die Ische anzubaggern!"

Balg, der

a) Bauch, Magen

„Zwei Bälge müsste man haben, einen zum Essen und einen zum Trinken!"

b) Oberkörper

„Der kriecht se gleich aufn Balg!"

c) kleines Kind, meist kleiner Junge

„Sein Balg tanzt dem aber auch aufm Kopp rum!"

Balken, der

Dachboden, Speicher

„Häng die Schützenfestfahne doch ausm Balken!"

Ballermann, der

a) Pistole, Revolver, Schießeisen

„Der Dieb hat seinen Ballermann inne Bank liegen lassen, der Trottel!"

b) hünenhafte, massige, männliche Person

„Wenn man den Jürgen so sieht, dat is n richtigen Ballermann!"

c) nummerierte Strandbar bzw. Strandabschnitt am Badestrand von Arenal auf Mallorca (Treffpunkt vieler Kegelclubs)

„Wir treffen uns am Ballermann sieben!"

ballern

a) laut schießen, knallen

„Der hat aufe letzte Treibjagt nur rumgeballert, aber nix getroffen!"

b) trinken, saufen

„Hab mir nach langer Zeit richtig einen geballert!"

Bammel, der

Angst, meistens auf ein nicht so gefährliches Ereignis bezogen, erweist sich später oft als unbegründet

„Ich hatte schon nen Bammel, dich nicht ans Telefon zu kriegen!"

Bangebuchse, die

ängstlicher Zeitgenosse, Angsthase

„Dat is immer noch sone Bangebuchse wie früher!"

Banse, die

Haufen, Aufschichtung, zum Beispiel von Heu oder Holz

„Der hat ne Banse Geld, ich sachet dir!"

basselig

vergesslich, zerstreut

„Mensch, wat is der heut so basselig?"

Basselkopp, der

zerstreuter Zeitgenosse

„Der Willi, dat is mir n alter Basselkopp!"

linke Bazille, die

a) unehrlicher, schlitzohriger Mensch, dem man nicht trauen kann

  „Der luchst den Leuten ab, was er kann, die linke Bazille!"

b) verächtlich für: politisch Linker

  „Mit de Partei im Nachbardorf hat der nix am Hut. Is sone linke Bazille."

sich bekacken

derb für: sich anstellen, sich zieren
„Der bekackt sich jedes Mal, wenn er für nen guten Zweck nen Heiermann raustun soll!"

beknackt

doof, blöd, dumm; sowohl Personen als auch Situationen
„Ich stand ganz schön beknackt da, als dat Licht ausging und ich vor de zue Tür stand!"

sich bekrabbeln

genesen, gesunden, sich von einer Krankheit erholen; sowohl im Hinblick auf die körperliche als auch auf die finanzielle Gesundung
„Du, der Alte hat sich nach seiner Pleite vor fünf Jahren ganz schön bekrabbelt."

Bello, der

a) großer, dicker Gegenstand oder Person, ähnlich wie „Ömmes", „Oschi", „Kaventsmann"
   „Beim Umzug hatten'se n paar echte Bellos zu schleppen."
b) gaunersprachlich für: Toilette, WC
   „Nich mal n Bello in der Kneipe!"

sich beömmeln

sich in einer nicht so ernsten Angelegenheit über jemanden oder etwas amüsieren
„Über euern Menne könnt ich mich immer wieder beömmeln."

bestusst

dumm, doof; eher vorübergehender Natur
„Der müsste ja bestusst sein, wenn der mit seiner Rente noch heiraten täte!"

betuppen

jemanden übers Ohr hauen, betrügen, meist im Hinblick auf kleinere Beträge
„Der Tünnes wollte mich doch um zwei Mark betuppen."

betutteln

auch „betüddeln"; jemanden umsorgen
„Gunne betuttelt ihre Blagen, als wärn'se keine drei Jahre alt!"

Big Mäc, der

jugendsprachlich für: Chef, Boss, hohes Tier
„Heinz macht den Big Mäc beim Sportverein!"

Blag, das

Kind; oft benutzt, wenn es einem auf den Wecker geht; meist in der Mehrzahl: „Blagen"
„Sach den Blagen, se sollen nich sonen Krach machen, is ja nich zum Aushalten!"

blank

pleite, abgebrannt; sowohl im Hinblick auf einen längeren Zustand als auch vorübergehend (zum Beispiel beim Kartenspielen)
„Hätt gedacht, der hat richtig Asche, aber der is blank!"

blubbern

dummes Zeug schwätzen
„Der blubbert mir noch ne Klinke annen Kopp!"

Böhmann, der

Phantasiefigur, mit der man kleinen Kindern Angst macht
„Wenn du nich gleich die Goschen hältst, dann kommt der Böhmann!"

bölken

unpassend, laut brüllen

„Hömma, musste denn immer so laut bölken?"

Bollerkopp, der

ungehobelter, überall hörbarer, lauter Zeitgenosse

„Der Bollerkopp soll abzischen!"

Bollerwagen, der

hölzerner, mit eisenberingten Speichenrädern ausgestatteter Handwagen, der mit lautem Krach über das Kopfsteinpflaster gezogen wird; oft einziges Transportmittel des Nichtbauern, um einen Garten oder ein kleines Feld zu bestellen oder um die Ernte einzubringen

„Beim Maiwandern packen wa n Bollerwagen wieder voll mit Pils, woll!"

bolzen

Fußball spielen; weniger regelgerechtes Spiel als Herumschießen des Balles

„Auch wenns ma fisselt, bolzen kann der immer!"

Bömmsken, das

Bonbon, Süßigkeit

„Hubbi hat immer n paar Bömmsken inner Tasche."

Bongo, das

WC, Toilette

„Frollein, wo hätten'se denn gefälligst dat Bongo?"

booah!

Allerwelts- und Ausrufewort, das Überraschung und Erstaunen
ausdrückt; innerhalb eines Satzes zur Unterstreichung der Aussage
„Booah, hat dat heut Nacht geplästert!"

Brand, der

großer Durst
„Nach soner Radfahrt hab ich nen Brand wie ne Bergziege!"

Brass, der

Zorn, Ärger, Wut
„Meine Güte, der hatte vielleicht nen Brass auf dich, datter dir
am liebsten einen gescheuert hätte!"

Brassel, der

Stress, Ärger; insbesondere durch großen Besitz wie eine Fabrik
oder Firma, oder wenn jemand viel zu tun hat und kaum damit
fertig wird; meist mit dem Zusatz „am Kopp" oder „am Hals"
„Mensch, der hat n Brassel am Hals, der weiß nich mehr, wo
ihm der Kopp steht!"

Bremsklotz, der

Frikadelle, auch „Tibetrolle" genannt
„Gerda, schmeiß noch nen Bremsklotz inne Pfanne!"

Brenner, der

Trinker, Säufer; im Gegensatz zu „Schluckspecht" jemand, der
dem Alkohol schon verfallen ist
„Tönne is jeden Abend steif wie'n Gaul, ich glaub, der is n
richtigen Brenner geworden!"

brettern

schnell fahren, rasen

„Wenner noch mal mit achtzig durch de Ortschaft brettert, dann sind de Fleppen aber futsch.“

Buchse, die

Hose, Beinkleid; oft schon getragen, nicht mehr ganz neu

„Der hat auch keine Futt inne Buchse!“

Buiterling, der

Person, die neu im Dorf ist, nicht von hier kommt

„Der neue Mieter bei Schulten, das is auch son Buiterling.“

Bülle, die

Beule, Ausbuchtung

„Beim Parken hat se mir ne Bülle anne Karre gefahren!“

Bumms, der

große Schusskraft beim Fußballspiel, auch als „Klebe“ bezeichnet

„Der neue Stürmer hatte riesen Bumms aufn Schlappen!“

Bummskopp, der

Querkopf, jemand, der mit dem Kopf durch die Wand will

„Stur wie Hulle, der alte Bummskopp!“

Bunke, der

Tollpatsch, eine nicht gerade mit Diplomatie ausgestattete männliche Person

„Hartmanns Bunke hat am Tresen wieder sonen lauten Stuss gelabert!“

bunkern

anvertraute oder einkassierte Wertsachen oder Geld in die eigene
Tasche stecken, vorenthalten; auch verstecken oder sammeln
„Gezz aber Butter bei de Fische, wie viel haste denn gebunkert?"

busseln

auch „ausbusseln"; nach etwas graben, etwas ausgraben
„Opa is noch ein bisken im Garten am Busseln!"

Butter, das

auch „Bütterken"; Butterbrot, dessen Belag nicht unbedingt
Butter sein muss
„Mama, schmeiß mal n Butter rüber ich hab nen riesen
Schmacht!"

Bütters, die

(Mehrzahl); bewundernder Ausdruck für wohlgeformte, nicht
gerade kleine Brüste einer Frau
„Die hatte aber n paar echte Bütters!"

C

checken

ursprünglich englisch und jugendsprachlich für: begreifen,
kapieren, verstehen
„Checkst du dat alles, wat wer inne Schule gestern gemacht
ham?"

D

Dämel, der

dämlicher, dummer Mensch, jemand, der gerade etwas falsch
gemacht hat; nicht allzu große Beleidigung
„Du Dämel, wie haste das denn schon wieder kaputt gekricht!?"

Datterich, der

unkontrolliertes Zittern der Hände, bedingt durch Alter oder
starken, langjährigen Alkoholgenuss
„Der braucht vier Pinneken Schnaps, dann is der Datterich futsch!"

deckeln

auch „rappeln"; Krachmachen der Nachbarn mittels Topfdeckel
oder ähnlicher schallender Gegenstände, wenn ein junger Mann
das erste Mal das Haus der zukünftigen Schwiegereltern betritt,
so lange, bis der Bewerber („Frigger") einen gewissen Obolus
entrichtet
**„Die Jungs vom Dorf ham den Eugen gedeckelt, als er gezz bei
de Hanni zu Besuch war!"**

Dez, der

Kopf, Haupt, Rübe
„Zieh mal den Dez ein, sonst stößte an!"

dicke

a) betrunken
   „Ich war gestern bei der Fete ganz schön dicke!"
b) reichlich, auf jeden Fall
   „Den Bus um viere schaffste dicke!" **„Fünf Mann passen
   dicke innen VW-Käfer!"**

Dinges, der/die/das

Ersatzwort für eine unbekannte, unbenannte Person oder Sache
„Hat der Dinges aus Köln dat Dinges, wat wa bestellt hatten,
mitgebracht?"

Döneken, das

spaßhafte, witzige, heitere Episode aus vergangener Zeit, die
einen ungewöhnlichen Ausgang hat
„Er brachte gestern son Döneken, dass wir uns den Bauch
festgehalten ham vor Lachen!"

döppen

jemanden mit dem Kopf unter Wasser drücken oder tauchen;
beliebte Beschäftigung im Schwimmbad, um zum Beispiel die
Mädchen zu ärgern
„Karl hat se so lang gedöppt, bisses Flennen angefangen hat."

Döppen, die

(Mehrzahl); Augen
„Mach endlich de Döppen zu!"

Döskopp, der

Dummkopf, Blödmann, Träumer, jemand, der etwas nach Ansicht
des Sprechers völlig falsch gemacht hat; keine schwerwiegende
Beleidigung, eher eine burschikose Anrede
„Hey du Döskopp, mach nich alles kaputt, wat ich grade heile
gemacht habe!"

drammen

auch „rumdrammen"; mit nichts zufrieden sein, rumnörgeln
„Mensch, hör auf immer rumzudrammen."

dräuge

sehr trocken; im Hinblick auf Witze und Personen
„So nen dräugen Witz hatte ich auch noch nich gehört!"

Dresche, die

Prügel, Schläge, Haue; vor allem der Kinder durch den Vater
„Wat meinste, wat der wegen der Klauerei Dresche von seim Vatta kricht!?"

Drömelfutt, der

drömeliger, langsamer Mann
„Mach hinne, du alter Drömelfutt!"

drömeln

langsam sein, langsam machen, verzögern; oft bei Kindern, wenn sie für den Schulweg nach Ansicht der Eltern zu viel Zeit brauchen
„Hast schon wieder gedrömelt. Das Essen is kalt gezz."

Drüppel, der

Tropfen
„Tu mal n Drüppel Öl ans Scharnier!"

drüppeln

tropfen, leicht regnen, fisseln; vor allem am Anfang oder Ende eines Schauers
„Es fängt leicht zu drüppeln an."

ducke ducke machen

kindersprachlich für: schlafen gehen, ins Bett gehen
„Klein Sarah muss gezz ducke ducke machen."

dudeln

laute Musik machen oder spielen lassen
„Päulchen hat sich dat Schifferklavier geschnappt und dudelt gezz schon Stunden vor sich hin."

Dulle, der

auch „Dullmann"; wilde, verwegene oder verrückte männliche Person
„Mit so nem Dullen wie Ferdi setz ich mich nich in ein Auto."

Dunkel-Deutschland

verächtlicher Name für die neuen Bundesländer
„Die Nachbarn, dat sind Neue. Kommen aus Dunkel-Deutschland."

Duseldüppen, der

jemand, der ungeschickt ist
„Du bist aber auch ein Duseldüppen!"

düsen

durch die Gegend rasen, schnell fahren
„Der düst mit nem Affenzahn durche Walachei!"

Dussel, der

reichlich Glück
„Da haste aber reichlich Dussel gehabt, war wohl n Papst inner Tasche, wie?"

duster

düster; Steigerungsform: „zappenduster"; auch benutzt, wenn etwas endgültig aus und vorbei ist
„Wenn der sich nich langsam aufe Buchse setzt, dann seh sich duster, aber zappenduster!"

E

echt

a) gut

„Hennes is'n echten Kerl!"

b) richtig, reichlich

„Hennes war aufm Schützenfest echt dicke!"

Eier backen

beliebte nächtliche Gewohnheit nach reichlichem Feiern, bei einem der Teilnehmer ins Haus einzukehren und Spiegeleier bzw. das, was Keller und Vorrat so hergeben, in der Pfanne zu braten und anschließend zu verspeisen (gastronomische Betriebe haben um diese Uhrzeit längst geschlossen)

„Noch n Pinneken und dann ab zum Eierbacken. Ich hab nen riesen Schmacht!"

einbuchten

einsperren, verknacken; meint sowohl die Bestrafung als Ereignis (eingebuchtet werden) als auch das Im-Gefängnis-Sein (eingebuchtet sein)

„Wenn se den einbuchten, ich sach dir: Der büchst wieder aus!"

etepetete

zimperlich, übertrieben feinfühlig, leicht arrogant

„Seit Waltraud mit diesem Niggel aus Düsseldorf zusammen is, macht'se nur noch auf etepetete!"

ette

sie, es; Kosebezeichnung für Ehefrau, Freundin, nahestehende
weibliche Person, wenn man den Zuhörern das besonders gute
Verhältnis zu ihr zeigen will

„Ette hatte mich schon morgens mitm Kuss geweckt.“

Eumel, der

etwas dummer Mensch, zwar fehlerhaft, aber irgendwie liebens-
würdig, ein netter Trottel, den man in seiner ganzen Art recht
gern hat

„Du bis mir auch son Eumel!“

F

Fenterfutt, der

jemand, der gern herumfentert

**„Peter kann sich stundenlang im Werkzeugkeller verkrümeln,
der alte Fenterfutt.“**

fentern

basteln, reparieren, zusammenbauen

„Na, haste die kaputte Antenne wieder zusammengefentert?“

Fickel, das

a) Ferkel, kleines Hausschwein; der heilige Antonius, der der
   Legende nach Schweine hütete, wird im Sauerland
   „Fickeltünnes" genannt
   **„Am Bauernhof nebenan haben se wieder n paar Fickel
   gekricht."**
b) unsauberer Mensch, jemand, der gerne etwas schlüpfrige
   Witze erzählt
   **„Gerd is n Fickel, wat der so erzählt. Wenn das seine Alte
   wüsste!"**

fickelig

dreckig, schlüpfrig
„Ötte hat gestern etliche fickelige Witze erzählt."

Fiffi, das

Moped, kleines Kraftrad unter 50 cm³ Hubraum
„Der kann dat Fiffi auch nich ma stehen lassen!"

filmen

reinlegen, naseführen
„Da ham se den Tünnes aber ma richtig gefilmt!"

Fimmel, der

übertriebene bis pedantische Vorliebe
„Meine Alte hat nen totalen Putz-Fimmel!"

Firlefanz, der

Flitterkram, Unsinn, unnötiges Aufheben um eine Sache
**„Mach nich son Firlefanz um dat kaputte Gartentor, das
kriegen wa auch so wieder hintereinander."**

Fisimatenten, die

(Mehrzahl); Ausflüchte, Ziererei, Spirenzkes
„Mach die Sache ordentlich. Und keine Fisimatenten, mein Freundchen."

Fisseln, die

(Mehrzahl); einzelne, meist fettige oder strähnige Haare
„Die Fisseln hingen dem Schlunz bis ins Gesicht."

fisseln

leicht regnen; im Gegensatz zu „drüppeln" eher Dauerregen leichter Art, der nicht unbedingt als Regenschauer endet
„Mama, lass mich raus, es is nur leicht am Fisseln!"

Flabes, der

Halbgescheiter
„Erzählt nur Humbug, der Flabes!"

Flachmann, der

flache Schnapsflasche, die man bei sich tragen kann
„Tönne, der Brenner, hat seinen Flachmann immer inner Tasche."

Flatschen, der

großes Stück, großer Fetzen, großer Haufen
„Der hat sich abern Flatschen Pizza reingeschoben."

Flattermann, der

auch „Gummiadler"; gebratenes, halbes Hähnchen
„Ich hatte sonen Schmacht, da hab ich mir erst mal nen Flattermann ausser Pommesschmiede geholt."

Fleppe, die

a) trauriges, mieses Gesicht
   „Willi hat heut mal wieder sone Fleppe gezogen."
b) (Mehrzahl); Papiere, Führerschein, Ausweis, Pass
   „Karl ham'se heute Nacht die Fleppen abgenommen!"

Flosse, die

derb für: Hand
„Wasch dir erst mal deine Flossen!"

Fluppe, die

auch „Lulle"; Zigarette, Glimmstengel, Zichte
„Immer ne Fluppe zwischen de Zähne, der Typ!"

fluppen

klappen, schnell von der Hand gehen, wie geschmiert laufen
„Gestern fluppte mir die Arbeit recht gut vonner Hand."

Foffo, der

Geschwindigkeit, Rasanz
„Der kam mit einem Foffo umme Kurve geschmirgelt,
dat es mir angst und bange wurde."

föhlen

quatschen, labern, dummes Zeug erzählen
„Die ham bis Mitternacht rumgeföhlt!"

Fracksausen, das

Angst, Muffe
„Haste etwa Fracksausen oder was is los?"

friemeln

zusammenflicken

„Der friemelt immer noch seinen ollen Käfer zusammen!"

Frittenschmiede, die

Pommesbude, Würstchenbude

„Und nachm Schützenfest fahren wa noch ma inne Frittenschmiede."

Fuckel, die

unordentliche weibliche Person; keine große Beleidigung

„Alles is immer futsch in deinem Zimmer. Du bist ne alte Fuckel!"

fuckelig

leicht unordentlich

„Der Raum is echt fuckelig."

fuckeln

auch „rumfuckeln"; stöbern, suchen; seltener: fentern, reparieren

„Gestern hatter an dem Gerät mal n bisschen rumgefuckelt. Geht aber immer noch nich."

Fummel, der

leichtes, meist billig erscheinendes Kleid, Kostüm oder anderes Kleidungsstück

„Mit sonem Fummel kannste aber um Gottes willen nich inne Kirche gehen!"

fummeln

a) im Fußball: den Ball lange halten, mit dem Ball am Fuß durch die gegnerische Abwehr marschieren
   „Meine Güte, gezz hat er so lange rumgefummelt, bis der Ball wieder weg is."
b) tasten, anfassen, herumtatschen, grapschen; an einem Gegenstand, einer Sache oder einer weiblichen Person
   „Tu deine Flossen weg, hör endlich auf, an mir herumzufummeln!"

Funzel, die

trübe Lampe, mattes Licht
„Mit soner Funzel verdirbt man sich die ganzen Augen beim Lesen!"

Furk, der

auch „Purk"; herablassende Bezeichnung der Älteren für einen Jüngeren oder Kleineren
„Von sonem Furk lässt du dir nen Ball abnehmen?"

futsch

auch „futschikato"; weg, nicht mehr da; bezeichnet den überraschenden Verlust einer Sache, deren Wert man jetzt erst einschätzen kann, wo sie nicht mehr da ist
„Nix mehr da, alles futsch!"

... futt, der

in Zusammensetzungen: Mensch
„Dat is auch n alter Guttfutt." „Mensch, wat n Drömelfutt!"

Futt, die

a) Hintern, Po, menschliches Hinterteil

„Leg dich mit deiner Futt endlich ins Bett."

b) „unruhige Futt": Person, die nicht still sitzen kann

„Du bis aber ne unruhige Futt."

gammeln

faulenzen, unaktiv herumhängen⁻

„Gammel hier nich so rum, alle anderen sind auch am Malochen!"

Gedöns, das

auch „Gedönse"; unnötiges Aufheben, Getue um etwas

„Kerr, mach nich son Gedöns um deinen Geburtstag!"

Gedudel, das

laute, oft unharmonische Musik

„Stell mal dat Gedudel ab, sonst beschweren sich die Nachbarn gleich!"

Wem gehörste?

auch „Wem hörste?"; beliebte Frage der Älteren an Kinder, welcher Familie sie angehören bzw. welchen Hausnamen sie tragen

„Kind, sach ma, wem gehörste denn?"

geiern

laut, brüllend oder lang anhaltend lachen, hämisch amüsieren über einen Sachverhalt, dessen Misserfolg man nun mit dem Lachen quittiert

„Als wir hörten, wie et ihm ergangen is, haben wir uns halb tot gegeiert."

Geplänte, das

außerhalb des Dorfes oder der Stadt befindliches Gelände, Wald, Wiese oder Feld, meist ohne Weg oder Straße

„Wir sind mit dem Motorrad quer durchet Geplänte gefahren."

Gesocks, das

Gerede, Erzählen von dummem Zeug

„Hör mir auf mit som Gesocks!"

gezz

gesprochene Form von „jetzt"

„Gezz tu ma Butter bei de Fische!"

Giebelfrigger, der

auch „Pöstenfrigger"; Brautbewerber („Frigger"), dessen Interesse nicht ausschließlich der Braut gilt, sondern eher ihrem Hab und Gut bzw. dem ihrer Eltern; er schielt auf den Giebel des schwiegerelterlichen Hauses

„Sonen Giebelfrigger wie Karl brauchste nich nochma nach Hause zu schleppen!"

Glotze, die

TV-Gerät, Fernseher; deutet Kritik am Glotzen an, das heißt am stetigen Starren auf den Kasten bzw. in die Röhre

„Haste wieder den ganzen Abend vor der Glotze gesessen?"

Glubschaugen, die

(Mehrzahl); große hervortretende Augen, Froschaugen

„Willi krichte solche Glubschaugen, als er dat sah!"

göbeln

sich übergeben, brechen, kotzen; weniger im Zuge einer
Krankheit oder Magenverstimmung als nach übermäßigem
Alkoholgenuss

„Gezz hör ich aber auf mit Schlucken, sonst muss ich nachher
noch göbeln."

Gosche, die

auch „Gosch"; Mund, Maul; meist im Zusammenhang mit zu viel
Reden benutzt

„Halt endlich die Gosche!"

Graupe, die

Versager im Sport, Nichtskönner, Niete; im Gegensatz zur
„Lusche" besteht für ihn keine Hoffnung mehr

„Fritz is ne echte Graupe, da is Hopfen und Malz verlorn!"

groggi

müde, erschöpft, erledigt; meist nach getaner Arbeit

„Karl hat den ganzen Tag im Garten herumgewullackt,
gezz isser groggi!"

Guddfutt, die

guter Mensch, treue Seele, ehrliche Haut

„Else is ne Guddfutt, ich sachet dir!"

Gummiadler, der

gebratenes, halbes Hähnchen

„Nach der Fete ham die alle noch nen Gummiadler verdrückt."

Gurke, die

a) große ausgeprägte Nase
  „Du musst auch deine Gurke überall reinstecken!"
b) Bordell
  „Ich glaub, die schafft neuerdings inne Gurke."

Hacke, die

Allerwelts- und Ausrufewort meist negativer Bedeutung zum
Ausdruck leichter Verärgerung
„Verdammte Hacke!"

Halligalli, das

Jubel, Trubel, Heiterkeit, High Life
„Da war solch ein Halligalli inner Bude, dass um zwölfe
noch die Schackos kamen!"

Hambummel, der

einer, der ungepflegt herumzieht
„Junge, du läufst wie'n Hambummel rum!"

schmale Handtuch, das

meist gertenschlanke weibliche Person; eher bewundernd als
geringschätzig gemeint
„Du schmales Handtuch, du kannst dich doch bald hinterm
Laternenmasten umziehen!"

happig

gierig, übertrieben hoch

„Drei Mark nehmen se für sone ippelige Bratwurst, dat is
aber ganz schön happig!"

Hasenbutter, das

wieder mitgebrachtes Pausenbrot

„Auf de Maloche hat der Franz von seine Alten dat Hasenbutter
von gestern wieder mitgekricht."

Haute Volaute, die

(gesprochen wie geschrieben); Prominenz; scherzhaft für:
Hautevolee

„Der kam nach Mitternacht noch auf de Fete, mit der ganzen
Haute Volaute im Gefolge!"

Hebamme, die

auch „17er-Schlüssel"; Flaschenöffner

„Wenn de Hebamme futsch is, nehm ich n Feuerzeuch
fürs Pils."

Heia, die

kindersprachlich für: Bett, Schlafstätte, Poofe

„Mutter steckt grade de Blagen in die Heia."

Heiermann, der

Fünf-Mark-Stück

„Mitm Heiermann wollter den Wirt bezahlen, der Geizhals."

Heini, der

a) Spitzname für Heinrich oder Heinz

„Komma rübba, Heini!"

b) jemand, dem kein allzu großes Vertrauen entgegengebracht wird

„Na, du Heini, wo warste denn gestern Abend?"

Heiopei, der

unzuverlässige, etwas sprunghafte, männliche Person, die mal hier, mal dort ihr Fähnchen in den Wind stellt; oft als Anrede gebraucht, wenn man sich über die Unzuverlässigkeit einer Person gerade geärgert hat

„Sonem Heiopei wie dem pump ich keinen einzigen Heiermann mehr!"

Heizölferrari, der

Mercedes-Diesel-Pkw

„Jochen hat seine ganze Asche in nen neuen Heizölferrari gepumt."

helleweg

ganz und gar, vollkommen

„Gerda war helleweg begeistert!"

herumsülzen

dauernd über einen Vorgang schimpfen, ohne zu brüllen, unergründlich und ständig meckern

„Hör endlich auf, den ganzen Abend herumzusülzen!"

Hespen, die

(Mehrzahl); lange Beine

„Tu mal deine Rhabarberhespen ausm Weg!"

Heulsuse, die

weibliche Person, die leicht anfängt zu weinen und schlecht
damit aufhören kann
„Hey, du Heulsuse, zieh nich so ne Fleppe!"

Hickeschlick, der

Schluckauf
**„Erst zu viel gesoffen und dann nen Hickeschlick, du alter
Schluckspecht!"**

hinnemachen

sich beeilen
„Mach hinne, du Drömelfutt!"

Hippe, die

langes, dünnes Mädchen; weibliches Gegenstück zum männlichen
„Schmachtlappen"; „alte Hippe" ist ein Schmähruf für Frauen
„Bei der Hippe kannste durch die Rippen Lapaloma pfeifen!"

Hitte, die

Ziege; auch für ein zickiges Mädchen
„Lisa is ne alte Hitte."

Hömma!

pass auf, was ich dir zu sagen habe
„Hömma, haste schon gehört, Willi hat ne Neue!"

Hörnertee, der

Kräuterlikör „Jägermeister", auf dessen Firmenlogo ein
Hirschgeweih abgebildet ist, beliebt auf Schützenfesten
„Noch nen Hörnertee und Kalli muss göbeln!"

Hottomax, der

kindersprachlich für: Pferd
„Der Hottomax macht auch grad heia."

wie Hulle

sehr stark
„Dat plästert heut wie Hulle!"

Humbug, der

Blödsinn, Unsinn; wird eingesetzt, wenn man vor übertriebener
Albernheit und zu unvorsichtigem Handeln warnen will
**„Wenne heute Abend nur Humbug machen willz, dann mach
aber schnell nen Abgang!"**

Hümmeken, das

Messer; meist das Kleine zum Schälen
„Nimm doch mal das Hümmeken, das geht besser."

Huppel, der

auch „Hüppel"; kleiner Hügel, nicht allzu hohe Erhebung
**„Wenne über den Huppel fährst, kannste prima aufn See
gucken!"**

Immi, der

Person, die seit Geburt an dem jeweiligen Ort lebt und deren Eltern sogenannte Pohlbürger sind

„Der hat de Welt nich gesehen, dat is n Immi."

Ippel ...

nur in Zusammensetzungen; kennzeichnet Dinge entweder als klein und winzig oder als qualitativ nicht überzeugend

„Mit sonem Ippelmantel brauchste dich nich inne Kirche traun!"

ipsig

klein, winzig, süß

„Das Baby von de Hanne is echt ipsig!"

Ische, die

abwertend für: Mädchen, Freundin, Frau, Partnerin

„Deine Ische kannste ruhig zuhause lassen."

is nich

gibt es nicht, findet nicht statt

„Mit Karl kannste Pferde stehlen – aber Bier trinken? Is nich!"

Jammerlappen, der

trostloser Zeitgenosse
„Der zieht vielleicht ne Fleppe, der Jammerlappen!"

japsen

keuchen, nach Luft schnappen
„Sach dem Trainer, er soll den Schwatten auswechseln; erstens steht er sich vorm Sechszehner de Beine innen Bauch und zweitens japst er nach Luft wie'n Perlentaucher!"

jau

auch „ju" oder „joh"; ja, jawohl
„Jau, has Recht."

Jeust, der

auch „Jaust"; Mehrzahl: „Jeuster" oft für rotzige, freche Bengel
„Die Jeuster sollten endlich aufhören, mit der Pille vor de Hauswand zu pöhlen."

K

kabaftig

immer feste drauf; unterstützt die Heftigkeit
der Aussage; meist als Einschub benutzt
„Hat der Alte mir kabaftig einen vor die Nase gesetzt!"

käbbeln

auch „rumkäbbeln"; balgen, sich streiten; meist harmlose Form
des Schlagabtauschs, mehr Spiel als Ernst, bei dem es eher ums
Ärgern als ums Schlagen geht
„Den ganzen Tach ham sich die Bälge rumgekäbbelt."

Kack, der

etwas Lästiges, Unnötiges
**„Für den Bastelkurs musste ich Schere, Klebe, Papier und
son Kack mitbringen!"**

Kafuck, der

Schwung, Elan
**„Hau mal mit Kafuck davor, vielleicht springt dann die
Karre an!"**

Kalberkopp, der

flippiger Typ, Person, die nichts ernst nimmt und auch als
Erwachsener in ihrem Verhalten immer noch kindische Züge
aufweist
„Matthes, der Kalberkopp, hat nur Humbug im Sinn."

kalbern

herumbalgen, herumspielen; ähnlich wie „käbbeln", aber
mit mehr spielerischem Charakter
„Seit Stunden kalbern die Jeuster schon herum."

Kanten, der

große, breitschultrige Person
„Neben so nem Kanten wie Päule siehste echt mickrig aus!"

Kanuffel, das

einfältige, dumme Person; nicht sehr beleidigende, meist eher liebevolle Bezeichnung für eine zeitweilig dumm handelnde Person
„Du bis mir auch son Kanuffel!"

Karre, die

eigentlich Handwagen; häufig Bezeichnung für ein nicht ganz
neues Auto
„Der brettert mit seiner Karre durchs Dorf wie'n Bekloppter."

Kaventsmann, der

riesenhafter Gegenstand, hünenhafte, männliche Person
**„Als ich gestern nach Hause fuhr, lag son Krawenzmann
von Baum aufe Straße!"**

sich einen keilen

sich eine Person vornehmen, packen, greifen
„Diesen Kerl, der das gemacht hat, den keilen wir uns gezz!"

kerr

Allerwelts- und Ausrufewort, das Erstaunen und Überraschung ausdrückt und die Wichtigkeit der darauffolgenden Aussage unterstützt
„Kerr, hat der sich gestern Abend einen hinter die Binde gegossen!"

Keule, die

soldatensprachlich für: Gefreiter; eine Oberkeule ist ein Obergefreiter

„Die Oberkeule hat den Jeust mal wieder angebölkt."

kiewig

auch „kiebig"; frech, wütend, erregt; beschreibt einen Zustand, in dem man sich über etwas sehr aufregt

„Wenne den weiter so ärgerst, wird der ganz schön kiewig!"

Kikifax, der

Unsinn, wertloses Zeug

„Die redet ständig Kikifax."

Killefitt, der

Unsinn, dummes Zeug; wird benutzt, wenn eine unpassende, einer Situation unangemessene Sache von einer Person angestrebt wird

„Mach ja kein Killefitt, ich verlass mich auf dich!"

Kindskopp, der

jemand, der sich trotz seines Erwachsenseins wie ein großes Kind benimmt und kindliche Verhaltensweisen zeigt

„Tünnes is n alter Kindskopp. Nur Killefitt im Sinn."

Kinkerlitzchen, die

(Mehrzahl); Kleinigkeiten, scheinbar unwichtige Angelegenheiten, die von den wichtigen Sachen ablenken

„Gezz mach endlich mal Ernst und gib die ganzen Kinkerlitzchen, die du so im Kopp has, dran."

Kippe, die

a) Rest einer fast aufgerauchten Zigarette, die ausgetreten, ausgedrückt oder weggeworfen wurde; immer häufiger auch Begriff für eine neue Zigarette
„Kannste mir mal ne Kippe schlauchen?"

b) Müllablade, Müllkippe; sowohl die unrechtmäßige als auch die rechtmäßige Müllablade
„Der ganze Fummel gehört auf de Kippe!"

kirre

durcheinander, verwirrt
„Zisch ab, du machst mich ganz kirre!"

Kiste, die

a) Bett, Schlafstätte, Poofe
„Komm wir gehen inne Kiste."

b) Gefängnis, Knast
„Der is schon seit einem Jahr inne Kiste!" „Wenn der Tünnes noch mal ein Fahrrad klaut, kommt er inne Kiste!"

ein kitzken

ein wenig, ein bisschen
„So, Günther, mach uns erst mal ein Bier, son kitzken Zeit wirste doch noch haben, oder nich?"

Klamotte, die

a) (Mehrzahl); einzelne sowohl alte als auch neue Kleidungsstücke
„Haste neue Klamotten an?"

b) schlechter oder alter Spielfilm
„Ham uns sone Klamotte mit Hans Albers reingezogen!"

klamüsern

auch „rumklamüsern"; an einer Sache herumbasteln, ohne
den rechten und direkten Weg zur Behebung oder Bereinigung
einzuschlagen
„Der is noch im Keller am Rumklamüsern."

Klappe, die

Mund
„Der reißt wieder die Klappe bis hinters Ohr auf!"

Klapsmühle, die

Irrenhaus, Anstalt für geistig behinderte Menschen; wird benutzt,
wenn man klarmachen will, dass man jemanden nicht für ganz
zurechnungsfähig hält; keine große Beleidigung
„Wenn du mich fragst, dann gehört der längst inne Klapsmühle!"

Klaue, die

unleserliche, schlechte Handschrift
„Hast ne Klaue wie'n Doktor!"

Klebe, die

a) Klebzeug, Kleber
  „Sollen auch ne Klebe mit zum Basteln bringen."
b) Bezeichnung für große Schusskraft beim Fußballspiel
  „Der Spieler hatte vielleicht ne Klebe!"

kleben

a) „jemandem eine kleben" meint, jemandem einen
  klatschenden Schlag ins Gesicht geben
  „Der hat seiner Alten eine geklebt."
b) „kleben bleiben" meint sitzen bleiben, das Schuljahr wiederholen
  **„Wenn du dich nich langsam aufe Buchse setzt, dann
  bleibste kleben!"**

Klimpergeld, das

Kleingeld, frei verfügbares Geld
„Für das Klimpergeld kauf ich mir neue Stühle."

Klitsche, die

mickriger Betrieb oder Firma mit wenigen Beschäftigten,
optisch schlecht aussehende Betriebsstätte, der man langfristig
kaum eine große Überlebenschance zubilligt
„Biste immer noch in der Klitsche zugange?"

klitschnass

völlig durchnässt, bis auf die Haut nass
**„Die is'n ganzen Tach durchn Fisselregen gelaufen,
gezz is se klitschnass!"**

Klöppe, die

(Mehrzahl); auch „Kloppe"; Schläge, Haue, Dresche; „Klöppe
kriegen" meint in der Regel Schläge bekommen von den
Erziehungsberechtigten, dem Vater; bei Schlägen, die man von
jemand anderem bekommt als vom Vater, vom Bruder oder
Kollegen, spricht man von „einen auf die Jacke kriegen"
„Der hat von seinem Alten wieder Klöppe gekricht."

Klöpse, die

a) (Mehrzahl); „Klöpse bauen" heißt Fehler machen
   „Der hat aber auch Klöpse bei seiner Arbeit gemacht!"
b) (Mehrzahl); erstaunliche oder ungewöhnliche Sprüche
   **„Der brachte wieder Klöpse vom Barras, dass wir uns
   halb tot gegeiert haben!"**

Klotschen, die

(Mehrzahl); alte Schuhe, Holzschuhe
„Mit solchen Klotschen kannste aber nich ausm Haus gehen!"

klotzen

auch „reinklotzen"; schwer und angestrengt arbeiten
„Da hatter aber reingeklotz!"

Klümpchen, die

(Mehrzahl); auch „Klümpkes" oder „Bömmskes"; Kau- oder
Lutsch-Bonbons, Süßigkeiten
„Opa hat ne Mark für Klümpkes lockergemacht."

Klüngel, der

a) „Klüngel miteinander haben" heißt etwas miteinander
zu tun haben, miteinander Geschäfte machen, in der
Kommunalpolitik sich die Bälle zuspielen
**„Der hat schon immer nen Klüngel mitm Bürgermeister
gehabt!"**

b) (Mehrzahl); auch „Plürren" oder „Plünnen"; alte Gegenstände,
Sachen, in der Hauptsache Kleidungsstücke, aber auch älterer
Hausrat
„Pack deine Klüngels und mach nen Flattermann!"

Klüngelskerl, der

Altwarenhändler, Lumpensammler, jemand, der sein Geld
damit verdient, alte Sachen (hauptsächlich Alteisen) zu kaufen
und weiterzuverkaufen
„Opa kungelt mit dem Klüngelskerl noch nen gescheiten Preis aus!"

Klunker, die

(Mehrzahl); Schmuck, Geschmeide, Wertsachen aus Gold
und Edelsteinen; „mit Klunkern behängt" meint sehr stark mit
Schmuck und Geschmeide geschmückt sein; „mit Klunkern
zugeschmissen werden" meint mit sehr vielem Schmuck
beschenkt werden
„Die hat n paar Klunker vonne Lore stiebitzt."

Klusen, die

auch „Klüsen"; Augen; wird benutzt, wenn die Augen nach einer langen Nacht etwas verschlafen oder verkatert dreinschauen
„Der hatte noch de Olympischen Ringe umme Klusen!"
„Mach mal de Klusen auf!"

Knackarsch, der

auch „Knackehs"; draller, wohlgeformter Po einer weiblichen Person; keine abwertende, sondern eher eine bewundernde Bezeichnung für dieses Körperteil
„Mit sonem Knackarsch und solchen Bütters kommste in Hollywood ins Kino."

knacken

schlafen, ruhen, poofen, ratzen
„Wenne n paar Tage richtig geknackt hast, dann gehts dir wieder besser."

Knacker, der

älterer Mann, Kerl; meist in negativem Sinn, vor allem, wenn man sich von jemandem gestört fühlt oder jemanden nicht besonders leiden kann
„Mit sonem ollen Knacker willste in Urlaub fahren?"

knackig

gut aussehend, aufreizend; gern im Zusammenhang mit jungen Mädchen und Frauen benutzt, die viel Haut zur Schau stellen (auch in „knackigbraun") oder eine wunderbare, weibliche Figur besitzen
„Schau dir die Bütters an, wenn dat Madel mal nich knackig is!"

Knalltüte, die

burschikose Anrede; eher lustig als verletzend; zeigt, dass man sich recht gut kennt; kann aber auch eine kleine Enttäuschung über die Handlungsweise des Redepartners zum Ausdruck bringen
„Du bist mir vielleicht ne Knalltüte!"

Knapp, das

auch „Knäppken"; Kante eines Brotes
„Und am Schluss hat er auch noch dat Knapp verdrückt."

Knarre, die

gaunersprachlich für: Pistole, Revolver
„Die Knarre ham'se ihm annen Kopp gehalten!"

Knatsch, der

Streit, Ärger; meist kleiner Streit mit Ehefrau, Chef oder Nachbarn
„Päule hatte ma wieder Knatsch mit seiner Alten!"

knatschen

auch „herumknatschen"; herummäkeln, granteln
„Den ganzen Abend hat Rita herumgeknatscht."

knatschig

übel gelaunt, unzufrieden
„Warum biste so knatschig? Is dir ne Laus über die Leber gelaufen?"

knibbeln

an einer Sache herumfummeln
„Lass mal den Kleber in Ruhe, hör auf daran rumzuknibbeln."

Kniephals, der

Geizhals

„Der Kniephals hatte schon immer zwei Igel inner Tasche und die noch mit Stacheldraht eingewickelt."

kniepig

geizig

„Asche ohne Ende, aber kniepig wie Hulle!"

Knies, der

leichter Streit oder Krach, Aufregung; „Knies miteinander haben" meint vorwiegend eine zeitlich begrenzte Auseinandersetzung unter Freunden oder Familienmitgliedern

„Hatte bissken Knies mit der Alten, is aber alles wieder paletti!"

Knifte, die

Butterbrot, Stulle, Karo

„Schmier mir mal ne Knifte, Gunne!"

knolli-bolli

derb, rustikal

Knubbel, der

Knoten, Geschwulst; auch in „jemanden einen Knubbel annen Kopp labern"

„Der hat Dresche bekommen, dass er nen richtigen Knubbel anne Rübe hat!"

knubbeln

schmusen, zärtlich zueinander sein; umfasst das Sich-Umarmen sowie das Knutschen

„Als er versuchte, mit mir zu knubbeln, hab ich ihm eine gelangt."

Knüpp, der

ein nur schwer oder gar nicht aufzuschnürender Knoten
„Gezz habe ich schon wieder einen Knüpp im Schnürsenkel!"

Knüssel, der

Verhältnis, Liebelei, Techtelmechtel
„Stimmt das, dass er nen Knüssel mit Frau Kobolla ausse
Buchhandlung hat?"

knutschen

auch „rumknutschen"; küssen, schmusen; abschätzig besonders
von denen benutzt, die zuschauen und nicht mitmachen können
„Peter hat nachm Schützenfest mit de Ische vom Olli rumgeknutscht. Der hat gezz vielleicht nen Brass auf ihn."

knutterig

meckerig, unzufrieden
„Wat biste heut wieder so knutterig?"

Knutterkopp, der

jemand, der sich unzufrieden gibt
„Zieh nich sone Fleppe, alter Knutterkopp!"

knuttern

leicht meckern, herummäkeln, herumnürgeln
„Da kannste dich aufn Kopp stellen und mitten Beinen
strampeln, der Kerl hat immer wat zu knuttern!"

kolone

durchgedreht, geschafft, fertig
„Von der Fahrt nach Bayern bin ich ganz kolone!"

Köpper, der

Kopfsprung ins Wasser
„Erst hat er im Schwimmbad nen Köpper gemacht, um
de Mädels zu imponieren, dann hatter se alle gedöppt."

Kötten, die

(Mehrzahl); herumfahrende, keinen festen Wohnsitz habende
Zigeuner
„Wetten tun de Kötten, wenn'se kein Geld haben!"

sich kötten

auch „herumkötten"; sich herumstreiten; wird dann benutzt,
wenn man sich eigentlich gar nicht streiten will oder es nicht
nötig hat
„Ich kötte mich doch den ganzen Abend nich mit diesen
Krakusen rum!"

Kotzbrocken, der

Person, die zum Kotzen ist
„Ich kann den Kotzbrocken verdorri nich leiden!"

kotzen

brechen, sich übergeben müssen, reiern
„Päule hat einen übern Durst getrunken, danach musst
er kotzen!"

krabaftig

Allerwelts- und Ausrufewort, das Überraschung und Erstaunen
ausdrückt; unterstreicht sehr lautmalerisch den Bericht unvor-
hersehbarer Ereignisse
„Krabaftig flogen mir die Sprickeln umme Ohren!"

Krakusen, die

(Mehrzahl); Pack, Asoziale; sehr abwertend für in unordentlichen
Verhältnissen lebende einheimische, nicht ausländische
Mitmenschen
**„In die Pinte kannste nich mehr gehen; is ne richtige
Krakusenkneipe geworden!"**

krallen

nehmen, teils auch: unerlaubt wegnehmen, klauen
**„Ötte hat sich ne rothaarige Ische gekrallt und is mit ihr
am Tanzen!"**

Krauter, der

Kleinstunternehmer, kleiner Handwerker, der meist ohne
Mitarbeiter vor sich „hinkrautert", oft in einer Klitsche
„Die Karre hat mir son Krauter wieder in Schwung gebracht!"

Kreusken, das

Verhältnis, Liebelei
**„Die beiden ham ganz wild rumgeknutscht. Müssen nen
Kneusken miteinander haben."**

kringeln

heftig lachen, beömmeln; oft auch als angedeutete Möglichkeit
„Ich könnte mich kringeln, wenn du den ollen Fussel anhast."

krosen

auch: „rumkrosen"; einer wenig sinnvollen Beschäftigung nachgehen
„Die is am Rumkrosen!"

Kröten, die

(Mehrzahl); wenig Geld
„Son paar lausige Kröten wollter dafür hinlegen!"

Krotzigen, das

kleines Kind
„Unser Krotziges hat mal wieder den Vogel abgeschossen!"

krücken

lügen, nicht die Wahrheit sagen
„Dat stinkt doch bis innen Himmel, wenn der mal nich krückt!"

Krückmann, der

Spazierstock, Krückstock
„Läuft schon mitm Krückmann rum, der olle Knacker!"

Krümmelsbetrag, der

Kleinbetrag, krummer Pfennigsbetrag
„Nen Krümmelsbetrag wollt Hans mir dafür geben. Son oller Geizhals!"

Kump, der

a) klobiger Becher
b) von Kindern angestauter, kleiner Bachlauf
„Wir haben im Kump gespielt!"

kungeln

handeln, verhandeln; als „auskungeln" bezeichnet man das
Aushandeln eines Preises oder einer zu erbringenden Leistung
„Opa kungelt mit dem Kerl die Pacht für de Fettwiese aus!"

Kurze, der

a) (Mehrzahl); die Kleinen; meist für die Jüngsten in einer
Gruppe oder Familie, auch für kleine Geschwister
**„Sach den Kurzen, se solln abzischen, sind noch zu klein für
fickelige Witze!"**
b) Schnaps
„Schieb mal noch nen Kurzen rüber!"

L

Laberkopp, der

auch „Laberarsch"; jemand, der viel redet und eigentlich
sehr wenig damit aussagt
„Der Laberkopp soll endlich mal die Gosche halten!"

labern

auch „rumlabern"; lange, umständlich reden, auch: locker
sprechen ohne geistigen Tiefgang
„Der labert mir noch ne Klinke annen Kopp!"

Lackel, der

auch „Lackaffe"; überfein gekleidete, männliche Person, Person
mit übertrieben vornehmem Gehabe
„Else hat sich so nen Lackel aus Düsseldorf gekrallt."

lahmarschig

langsam, ohne Schwung und Elan
„Der geht so lahmarschig daher, dass man ihm beim Laufen die Schuhe besohlen kann!"

Lappes, der

vergnügte, nicht sehr ernst zu nehmende Person, deren Lauterkeit und Ernsthaftigkeit sehr in Frage gestellt werden
„Mit sonem Lappes als Buchhalter gehste mit deiner Klitsche übern Jordan!"

larifari

ungenau, ungezielt
„Wenn er weiterhin so larifari arbeitet, kann er bald die Platte putzen!"

Latschen, die

(Mehrzahl); auch in „Quadratlatschen"; sehr große Schuhe
„Steck de Mauken wieder inne Latschen, dat mieft ja wie Hulle!"

latschen

a) „jemandem eine latschen" meint jemandem eine Ohrfeige erteilen, jemanden ins Gesicht schlagen
„Gerda hat ihn so angebölkt, da hat er ihr erst mal eine gelatscht."
b) eintönig, schlampig gehen
„Der latscht durch de Weltgeschichte wie'n Hambummel."

Latüchte, die

trübe Funzel, Laterne, Leuchte, Lampe mit nicht besonders heller Leuchtkraft
„Mach die Latüchte mal heller, mir tun schon die Klusen weh!"

latzen

bezahlen; jedoch eher unfreiwillig, zum Beispiel als Strafe
„Na, wie viel mussteste denn bei den Sheriffs latzen?"

lau

umsonst, gratis, auf anderer Leute Kosten
„Der hat Asche wie Stroh, aber will alles für lau!"

Lauschöpper, der

Person, die sich gern für lau einen trinkt
„Wo Pinneken und Pils ausgepackt werden, da taucht er plötzlich auf, der Lauschöpper!"

leckomio

Ausruf und abgespecktes Götz-von-Berlichingen-Zitat, mit dem Verärgerung und Verblüffung ausgedrückt werden, ohne jedoch die Ablehnung eines Ansinnens
„Leckomio, wat ein Lackel!"

logo

logisch, natürlich, selbstverständlich
„Fährste mich nach Hause?" – „Is doch logo!"

löhnen

bezahlen; im Gegensatz zu „latzen" ist bei „löhnen" mehr das freiwillige Bezahlen gemeint
„Wie viel haste denn für deine neue Karre gelöhnt?"

Lorenz, der

Sonne; von Quartals- und Monatstrinkern wird mit „Lorenz" der Mond bezeichnet (Säufersonne)
„Kerr, was knallt der Lorenz aufe Birne!"

volle Lotte

auch „volle Kanne" oder „volles Rohr"; mit aller Kraft; mit größter Wucht, mit höchster Geschwindigkeit, besonders auf körperliche Anstrengungen aller Art bezogen

„Erste Halbzeit ham'se verpennt, zweite Halbzeit volle Lotte gespielt und mit zwei Toren Unterschied gewonnen."

lucki lucki machen

kindersprachlich für: sich etwas anschauen, ansehen; meint das risikolose Anschauen einer Sache

„Wollen Sontag n bisken lucki lucki machen und den Leuten mal aufn Zahn fühlen."

Lulle, die

Zigarette, Fluppe, Glimmstengel

„Drück de Lulle aus! Ich glaub, die Alten kommen."

lullen

lange herumnuckeln; an einer Zigarette oder auch am Daumen

„Wenne noch länger anne Fluppe lullst, is se klitschnass."

für lulu

gratis, kostenlos, umsonst; im Gegensatz zu „lau", bei dem man das Trinken auf Kosten eines anderen meint, bedeutet „für lulu", dass man eine Sache, einen Gegenstand oder eine Dienstleistung kostenlos erhält

„Beim Kauf von dem Zwirn hab ich die Krawatte für lulu gekricht."

Lümmel, der

jemand, der anderen gern einen Streich spielt; nicht sehr ernst gemeinte, eher recht freundliche Anredeform

„Ey du Lümmel, wat haste nun wieder für Flausen im Kopp!?"

Lümmeltüte, die

Kondom, Präservativ, Verhüterli

„Wenn ich abends aufe Schnur gehe, steck ich mir immer ne Lümmeltüte ein, weiß der Geier, wie et grade so kommt!"

Lümmerken, das

kleines Schweine- oder Rinderfilet

„Der hat nen ganzen Haufen von de Lümmerkes verdrückt."

lunterig

müde, abgespannt, schlapp

„Wat hängste so lunterig inne Ecke rum, du Schlaffi?"

Lusche, die

Versager, Nichtskönner, Dilettant, Niete; ähnlich wie „Graupe"; Bezeichnung für jemanden, dessen erwartete Leistung, besonders im Sport, sich in keinster Weise einstellt

„Mit solchen Luschen wie Ernst und Karl kannste in der Bauernliga Fußball spielen!"

Luthersche, die

Protestantin, evangelische Christin; eine nicht gerade begeisterte Bezeichnung von einer urkatholischen, sauerländischen Mutter im Hinblick auf die Religionszugehörigkeit der zukünftigen Schwiegertochter

„Seit kurzem hat unser Hennes ne Luthersche, schon de dritte in anderthalb Jahren!"

M

Macke, die

kleiner Fehler, Unreinheit; auf Sachen bezogen: Makel, auf
Personen bezogen: Schlag, geistiger Fehler
**„Der hat doch ne Macke, bei der Affenhitze im Garten
wullacken!"**

Macker, der

auch „Mäckes"; jemand, der großtun will, unbekannter Freund
einer bekannten weiblichen Person; manchmal auch als einfache
Anrede gebraucht
„Was macht denn der Macker von Else?"

Mafiatorte, die

Pizza
**„Peter und Hennes ham gestern nachm Saufen noch drei
Mafiatorten zusammen verdrückt."**

malat

kaputt, fertig
„Ich bin total malat!"

Malessen, die

Schwierigkeiten, Plagen
„Mit Rheuma hab ich schon seit n paar Jahren meine Malessen."

Maloche, die

Arbeitsstelle, harte Arbeit
**„Der schleppt sich morgens früh zur Maloche, abends, wenn er
wiederkommt, is er immer groggi."**

malochen

auch „wullacken", „wuchten" oder „reinklotzen"; schuften,
hart arbeiten; ursprünglich Bezeichnung aus dem Ruhrgebiet
„Richtig zu malochen, da is sich der Lackel zu fein zu."

Männekack, der

kindersprachlich für: gemaltes Strichmännchen, Comicfigur
**„Meine ganze Karre ham mir de Blagen mit Männekacken
beschmiert!"**

mampfen

schnell essen, geräuschvoll kauen
„Der muss n Schmacht haben, so wie der mampft."

Massel, das

gaunersprachlich für: Glück, Fortune; sagt aus, dass das Handeln
einer Person über alle Maße von Glück begünstigt ist bzw. dass
ein unglücklicher Zustand sich im letzten Augenblick zum Guten
gewendet hat
„Na, da hat er noch mal Massel gehabt!"

Matte, die

a) Fußabtreter vor der Tür; „auf der Matte stehen" heißt
   anwesend sein und dadurch Druck ausüben
   **„Wenne das bis Montag nich hintereinander krist, steh
   ich dir Dienstag aufe Matte!"**
b) langes Haar bei männlichen Personen
   „Der hatte ne Matte aufm Kopp wie Jimi Hendrix!"

Mauken, die

(Mehrzahl); Füße, besonders die, die irgendwo im Weg sind,
oder solche, welche durchdringend riechen: „Käsemauken"
„Tu endlich deine Mauken vom Couchtisch!"

mauscheln

auch „herummauscheln"; etwas zum eigenen Vorteil hindrehen oder verändern; eine Tatsache oder einen Sachverhalt leicht am Rande der Legalität verändern und jemanden dadurch übervorteilen

„Die mauschelt an der Geschichte so lang rum, bis et ihr passt."

Melm, der

Staub, Ruß, Dreck

„Mach bei der Arbeit nich sonen Melm."

melmen

Dreck machen

„Hör auf, so zu melmen, du machst noch die ganze Bude schwatt."

meschugge

ursprünglich jiddisch für: verrückt

„Mit deinem Gesocks machste mich ganz meschugge."

Mief, der

Gestank, verbrauchte oder verpestete Luft, Dunst, Smog

„Lieber im Mief ersticken als erfrieren!"

miefen

ausdünsten, schlecht riechen, stinken

„Deine Mauken miefen, aber volle Lotte!"

Miefquirl, der

Ventilator, Absauganlage

„Mach mal den Miefquirl an. Hier stinkts zum Kotzen."

Miese, die

rote Zahlen, Verluste, negative Bilanzen; zum Beispiel beim Kartenspielen oder bei einem Handelsgeschäft
„Wenn Päule dieset Jahr nochmals Miese macht, geht er mit seinem Laden übern Jordan."

Miesepriem, der

jemand, der immer ein trauriges Gesicht macht und nie richtig fröhlich sein kann, absoluter Pessimist
„Mit sonem Miesepriem wie Kalle kannste nich in Urlaub fahren, der geht, wenn er lachen will, innen Keller!"

Mimik, die

komplizierte Technik, technische Vorrichtung
„Mach mal den Deckel ab, ich will mal gucken, was dat für ne Mimik is!"

Minze, die

Hauskatze
„Die schmust mit ihrer Minze als wärs ihr Macker!"

Mistbolzen, der

ablehnender, ekeliger Mensch, jemand, der von Grund auf schlecht und mit allen Wassern gewaschen ist
„Der luchst jedem ab, was er kann, der olle Mistbolzen."

Modepimmel, der

jemand, der immer nach dem letzten Schrei der Mode gekleidet ist und durch sein modisches Aussehen in den Augen seiner männlichen Geschlechtsgenossen nicht gerade männlich erscheint
„Klamotten, schick wie'n Lackel, hat der, ein richtiger Modepimmel!"

Moos, das

reichlich viel Geld; Gegenteil von „(lausige) Kröten"

„Der hat auf Montage ganz schön Moos gemacht."

Möppel, der

auch „Moppel"; kleiner, dicklicher, rundlicher Mensch; recht liebevolle Anrede, oft auch für jemanden, dem man trotz allem nicht lange böse sein kann

„Als er zu seiner Alten ‚Möppel' sachte, zog die vielleicht ne miese Fleppe!"

Möpse, die

a) (Mehrzahl); Geld, Moneten, Taler

   „Seine letzten Möpse hat er für die Ische gelatzt."

b) (Mehrzahl); bewundernder Ausdruck der Männer für große, wohlgeformte Brüste einer Frau oder eines Mädchens

   „Frido hat sich im Urlaub ne Perle mit Knackarsch und solchen Möpsen gekrallt!"

mopsen

klauen, stehlen, stibitzen; kein ausgesprochen strafrechtliches Delikt, sondern mehr ein Wegnehmen, um jemanden zu ärgern

„Er hat ihr nur n paar lausige Kröten gemopst, kein großes Ding, ehrlich!"

Mords …

(in Zusammensetzungen); sehr mächtig; gebraucht zur Steigerung

„Boah, der hat aber nen Mordshunger!"

motzen

auch „mosern" oder „moppern"; meckern, schimpfen, sich aufregen; „anmotzen" meint anmeckern; der Grad der Aufregung bleibt bei „motzen" allerdings eher gering

„Der Miesepriem is immer am Rummotzen."

Muckefuck, der

koffeinfreier Kaffee, Kaffeemalz, Kinderkaffee; auch schlechter, dünn aufgebrühter Bohnenkaffee
„Von so einem Muckefuck kriste bestimmt kein Nasenbluten!"

Muckelbude, die

sehr kleines, nicht gerade ordentlich wirkendes Wohnhaus oder kleine Wohnung
„Der wohnt schon seit zehn Jahren in dieser Muckelbude!"

mucken

auch „rummucken"; Schwierigkeiten machen, trotzen; „aufmucken" meint, nachdem man einen aufn Deckel gekricht hat, noch einmal etwas sagen, obwohl man eigentlich still sein sollte
„Wenne nochmals aufmuckst, dann is aber Sabbat, dann gibts einen, der sich gewaschen hat!"

mucker

gut drauf, gesund, fidel
„Für sein Alter is Oppa ganz schön mucker!"

Muckibude, die

Fitnessstudio
„Der is son Kaventsmann, weil er jeden Tach inne Muckibude geht!"

Muckis, die

(Mehrzahl); Muskeln; „Muckis haben" meint stark sein; „Muckis kriegen" meint stark werden; oft mit der Aufforderung an Kinder verbunden, mehr zu essen
„Der hat so viele Muckis, wie'n Spatz Krampfadern hat!"

Muffe, die

Angst; stärker als „Bammel"; „Muffesausen kriegen" meint Angstzustände bekommen, vor Angst zittern

„Vor der Prüfung hab ich ganz schön Muffe!" „Vor Angst geht ihm die Muffe auf Glatteis!"

Muke, die

Versteck, verborgener Vorrat

„Kannste dir alles wegnehmen, Omma hat noch was inne Muke!"

mulmig

flau, unwohl

„Als dieser Kaventsmann auf mich zukam, wurds mir ganz schön mulmig!"

Mumm, der

Mut, Kraft, Ausdauer

„Der zittert vor nix, der hat Mumm inne Knochen!"

Mümmel, der

Nasenpopel

„Friss nich deine Mümmel, du altes Fickel."

Nachtpolter, der

Schlafanzug oder „Schlawanzuch"
„Husch, zieh dir schnell den Nachtpolter an und dann ins Bett!"

Negergeld, das

Schwarzgeld, unversteuertes Einkommen
„Das Boot hat er sich vom Negergeld gekauft."

Niggel, der

sehr kritischer, empfindlich reagierender Mensch, jemand,
der ständig etwas auszusetzen hat
„Engelbert is ein Niggel hoch drei!"

noch und nöcher

reichlich, in Hülle und Fülle
„Der hat Moos inne Tasche, noch und nöcher!"

nölen

nörgeln, jammern, unzufrieden sein
„Gezz is aber Schluss mit Nölen!"

Nuckelpinne, die

altes an Motorkraft verlierendes Auto, Fahrzeug, das
sich schwerfällig vorwärtsbewegt
„Dem seine Nuckelpinne zieht keinen Hering mehr
vom Teller!"

Nüssel, der

abgegessener Apfel- oder Birnenkern
„Nagst am Nüssel rum, als würdeste nich genug zu
essen kriegen!"

Nuttendiesel, der

scherzhaft für: Parfüm
„Katta hat wieder mal Nuttendiesel von ihrem Kerl
geschenkt gekricht."

Nuttenporsche, der

scherzhaft für: schnittiger Sportwagen mit relativ geringer
PS-Stärke
„Werner markiert mit seinem neuen Nuttenporsche den
dicken Macker."

O Herre

Ausruf des Bedauerns oder leichten Verzweifelns; ähnlich wie
„herrjemine" oder „ach du Scheibenkleister"; stets am Anfang
eines Satzes
„O Herre, gezz fängts zu plästern an und ich habe die Fenster
nich zugemacht!"

Ohren, die

(Mehrzahl); derb für: großvolumige Brüste
„Franz seine Neue, die hat vielleicht Ohren, da kannste
nur staunen."

Oimen, der

lediger, älterer Onkel, der im Familienkreis bzw. im Haus
seines Bruders oder seiner Schwester lebt
„Und oben in de Bude, da wohnt der Oimen."

ölen

schwitzen, transpirieren
„Wenn Horst malocht, dann ölt er immer wie'n Bulle."

Olle, die

abwertend für: Frau, Ehefrau, manchmal auch junge Frau, die
nicht sonderlich attraktiv aussieht; meist in „meine Olle"
**„So, gezz gehen wir zum Kegeln, die Olle kann dich ja um elfe
mitm Auto abholen."**

Ömmes, der

großer, schwerer Gegenstand
„Mit dem Ömmes, da passte aber nich durch de Tür!"

oppe

aufgebraucht, kraftlos, verzehrt; im Gegensatz zu „groggi"
bezeichnet man mit „oppe" einen dauerhaften Zustand, der
durch harte Arbeit, schwere Krankheit und hohes Alter
herbeigeführt wird
**„Wenn der Mattes weiter so reinklotzt, dann is der mit
fuffzig oppe!"**

Oschi, der

großer Gegenstand; umschreibt dabei oft mit einer entsprechen-
den Handbewegung die Größe des beschriebenen Gegenstandes
**„Der stand mit sonem Oschi von Knüppel dem Willi gegen-
über."**

P

sich einen packen

sich einen trinken
„Wenn wir mit der Arbeit fertig sind, dann gehen wir uns
aber richtig einen packen."

Packende, das

griffiger Ansatzpunkt zur Lösung des Problems
„Ich krich einfach kein Packendes an die Sache!"

Pampe, die

zu lang gekochtes Essen, verquaster Brei; besonders dann
gebraucht, wenn die Mahlzeit nicht nur matschig aussieht,
sondern auch so schmeckt
„Sone Pampe wie diese Linsensuppe, oder wat immer das auch
sei, kannste dir alleine hinter de Kiemen schieben."

pampig

frech, böse, Widerworte gebend, leicht aufbrausend
„Werd nur nich pampig, Krotziger!"

Panne, die

trauriges Gesicht, Fleppe
„Die Olle macht wieder ne Panne wie sieben Tage
Regenwetter!"

panne

dumm
„Herrje, is die panne, denkt nich von zwölf bis Mittag!"

Pannemann, der

dummer Mensch; „Pannemann und Söhne" bezeichnet
jemanden, den man für dumm und doof hält
„Hohl wie ne Nuss, der Gerd. Ein richtiger Pannemann."

Pannekauken, der

Pfannekuchen
„Heute gibt es Pannekauken!"

Patte, die

viel Geld; mehr im Sinne von gebündelten Banknoten, deren
exakten Wert man nicht genau einschätzen kann und die
jemand mit sich führt
„Der schleppte ne daumendicke Patte mit sich rum!"

Pelle, die

a) Haut
   „Paul hat sich auf Malle die ganze Pelle verbrannt."
b) Schale oder Haut einer Frucht
   „Die Pelle von den Kartoffeln isst er nich mit, der Schnöggel."
c) Kleidung, Garderobe
   „Haste aber ne feine Pelle an!"

Pellemänner, die

(Mehrzahl); Pellkartoffeln
**„Bei meine Olle gabs heut Pellemänner und nen Strammen
Max."**

pennen

schlafen, ruhen, aber auch träumen im wachen Zustand, wenn
jemand mit seinen Gedanken nicht recht bei der Sache ist
„Der hat wieder ma gepennt inner Schule und gezz checkt er nix."

picheln

trinken, saufen; vor allem gebraucht, wenn man selbst daran
beteiligt ist

„Komm, wir gehen einen picheln!"

pickepackevoll

überfüllt, voll besetzt

„Das Kino war gestern Abend pickepackevoll."

picobello

hundertprozentig in Schuss, in bester Ordnung

„Marlies is immer picobello geschminkt."

Pille, die

a) Fußball, Gummiball

    „Olli hat die Pille kabaftig ins Tor gekickt."

b) Ente; „Pillefüße haben" meint, wenn jemand die Füße
beim Gehen nach außen setzt

    „Die Alte hat vielleicht auch ein paar Pillefüße!"

Pillemann, der

männlicher Penis

„So ein Maul, aber keinen Pillemann inner Buchse!"

Pingel, der

sehr feiner, sauberer, empfindlicher Mensch, Person, die sich
auf Grund ihres Aussehens und ihrer Kleidung vor jeglichem
Schmutz zu zieren scheint und auch sehr wählerisch beim
Essen ist

**„Inge is n Pingel. Die war nur am Nörlen, weils ihr beim
Camping zu dreckig war."**

Pinneken, das

a) kleines Schnapsglas

„Noch n Pinneken voll Hörnertee und der Rainer göbelt, dat ihm Hören und Sehen vergehn."

b) Stöckchen; „Pinneken ziehen" heißt eine Entscheidung dadurch herbeiführen, dass man jemandem ein kürzeres und ein längeres Streichholz so hinhält, dass nur die Enden sichtbar sind, und wenn er das kürzere zieht, hat er verloren

„Wenner euch nich entscheiden könnt, müssen wa Pinneken ziehen."

pinnen

schülersprachlich für: sehr schnell schreiben, abschreiben

„Max hat bei mir gepinnt bei der Arbeit, gezz muss er nachsitzen."

Pinselquäler, der

scherzhaft für: Maler, Anstreicher

„Gestern war der Pinselquäler bei uns inne Bude."

Pipifax, der

kinderleichte Aufgabe, Kleinigkeit

„Das is selbst für de Blagen Pipifax."

plästern

stark regnen, aus Kübeln gießen

„Draußen waret schwer am Plästern."

Pläte, die

Glatze, Halbglatze, hohe Stirn

„Haste gesehen, was Rudi ne Pläte gekricht hat?"

platt

a) pleite, zahlungsunfähig

„Keine lausige Kröte hat Paul mehr unterm Kissen. Völlig platt is er."

b) müde, erschöpft

„Frido hat n ganzen Tach gewullackt, der is gezz völlig platt."

plattmachen

a) Geld ausgeben

„Hab gestern in der Pinte zwei Blaue plattgemacht."

b) besiegen beim Boxen oder im Ringkampf

„Georg hat sich im Ring vom Hanno völlig plattmachen lassen, die Lusche."

Pläusken, das

auch „Pläuschken"; kurze, lockere Unterhaltung, kleiner, gemütlicher Schwatz

„Hatte n kleinet Pläusken mit Hansi seinem Vatta!"

Plautze, die

auffallend großer, rundlicher Bauch, ähnlich wie „Wampe"

„Der hat neuerdings ne Plautze, als hätt er nen Fußball verschluckt."

Plörren, die

(Mehrzahl); auch „Plünnen"; benutzte oder unsaubere Kleidungsstücke, die nicht weggeräumt wurden und in der Ecke rumliegen

„Schmeiß endlich deine Plörren aufn großen Haufen!"

Plumpsklosett, das

Latrine mit rundem, abnehmbarem Deckel; in einfachster
Form auch als „Donnerbalken" bezeichnet
**„Der is so pleite nach dem Hausbau, dat die letzten Kröten
nich mal mehr fürn Plumpsklosett reichen."**

Pohlbürger, der

jemand, dessen Familie schon seit Generationen an diesem
Ort wohnt; Gegenteil von „Buiterling"
**„Päule, den kennt hier jeder, is n Pohlbürger, wie er im
Buche steht."**

pöhlen

Fußball spielen auf der Straße, mit einem Ball herumschießen
**„Wenn unsre Blagen den ganzen Tach pöhlen, dann sind
se abends richtig groggi."**

Pollack, der

a) Schimpfwort für einen unsauberen Menschen
   „Nimm deine dreckigen Pfoten ausm Topf, alter Pollack!"
b) verächtliche Bezeichnung für Menschen polnischer Herkunft
   „Der Pollack steht gezz immer beim Gunni aufer Matte."

Pöstenfrigger, der

Brautbewerber („Frigger"), dessen Interesse nicht ausschließlich
der Braut gilt, sondern eher ihrem Hab und Gut bzw. dem ihrer
Eltern; er schielt auf die Pfosten („Pösten") des schwiegerelterlichen Hauses
„Da hat sie sich nen richtigen Pöstenfrigger geangelt."

Pölter, der

Schlafanzug, Nachthemd
„Er lief bis Mittag noch im Pölter rum!"

poofen

schlafen
„Bis inne Puppen poofen, dat können se."

pöttkern

gemütlich beisammensitzen und langsam, aber stetig trinken
„Wir haben bis elf Uhr in Heini seiner Laube gepöttkert."

Pottkieker, der

neugieriger Topfgucker, jemand, der seinen Lebensunterhalt
zuhause verdient und der Ehefrau ständig auf den Beinen steht
„Der soll sich ma ne richtige Maloche suchen und nich zuhaus
immer der Hanne aufn Geist gehen, der alte Pottkieker."

prockeln

herumstochern, vorsichtig herumrühren; ein „Prockeleisen"
ist das Werkzeug, das man zum Stochern des Ofen benutzt;
auch das Bohren in der Nase wird als „prockeln" bezeichnet
„Der prockelt in der Nase, bis er auf Öl stößt!"

pröhlen

schwätzen, quatschen
„Hör ma auf zu pröhlen und mach hinne!"

Prütt, der

Kaffeesatz
„Von Prütt wird man schön."

Puckel, der

gebräuchliche Aussprache von „Buckel"
„Lieber ne Wampe vom Schlucken als nen Puckel vom
Arbeiten."

Pulle, die

oft auch in der Verkleinerungsform „Pülleken"; eine Flasche
mit alkoholischen Getränken wie Bier und Schnaps; niemals
wird von einer Pulle Milch oder Sprudel gesprochen
**„Stell ma die Pulle weg, oder willste son Schluckspecht werden
wie der Rudi?!"**

Pullefass, das

Badewanne, ursprünglich eine Zinkwanne, die man zum
samstäglichen Bad in der Deele aufgestellt hatte und mit
heißem Wasser füllte
„Nobbi hat sich erst ma das Pullefass volllaufen lassen."

Pummel, das

auch oft „Pummelken"; rundliches, dickliches Kind
„Werner seine Blagen sind echte Pummel geworden."

puspeln

leise flüstern
„Wer puspelt, der lügt."

Puste, die

a) Luft, Atem
   „Für die letzten Meter reichte ihr die Puste nich mehr."
b) Geld, Vermögen
   „Dem geht langsam die Puste aus."

Pustekuchen, der

Fehlschlag
„Biste gestern dort gewesen?" – **„Pustekuchen, hab den Zug
nich gekricht."**

Püster, der

Schrotgewehr, Schrotflinte

„Immer nen Püster aufm Rücken, der Hennes, seit er den Jagdschein hat."

Püttologe, der

Person aus dem Ruhrgebiet mit breitem typischem Ruhrgebietsdialekt

„Dat hörste gleich, wo der weg is. Spricht wie'n Püttologe."

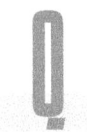

Quack, der

ein Stückchen, ein bisschen

„Tu ma son Quack Mayo aufe Fritten."

quack

Schallwort, Einwurf, der die Plötzlichkeit eines Vorgangs betont

„Quack, lag er aufm Rücken!"

quackeln

auch „krackeln"; nahezu unleserlich schreiben

„Wat haste denn da auf den Schrieb gequackelt?"

Quase, die

Schlamm, Morast

„Karl hat uns mitm Trecker ausser Quase gezogen."

Quaterkopp, der

jemand, der viel redet, belangloses Zeug quatscht und alles glaubt kommentieren zu müssen
„Halt die Gosche, du Quaterkopp."

quatern

quatschen, plaudern, reden
„Wenn Lore Marie beim Einkaufen trifft, dann quatern se wie de Hühner."

questen

stöhnen, vor allem bei schwerer Arbeit
„Der quest, als wär er auf Maloche."

R

Rabatz, der

Krach, lärmender Protest bis an die Grenze der Handgreiflichkeiten
„Der machte bei dem Elfer sonen Rabatz, dass der Schwatte ihn vom Platz schickte."

raffen

kapieren, verstehen, schnallen
„Nachdem er es dreimal gelesen hat, wird er es wohl gerafft haben."

Raffhaken, der

raffgieriger, habgieriger Mensch
„Kannst auch ruhig mal einen locker machen, du alter Raffhaken!"

Ramba-Zamba, der

Jubel, Trubel, Heiterkeit, High Life; Gegenteil von „tote Hose"
„Da war Ramba-Zamba, bis die Bullen vor de Tür standen."

ramentern

rumpoltern, unruhig sein
„Die hat da ramentert!"

rammdösig

schwindelig, verrückt; oft vor lauter Lärm und Gerede
„Vom Gedudel wirste ja echt rammdösig."

rantern

laute Geräusche verursachen, obwohl die Kinder eigentlich
schlafen sollten
„Die Blagen rantern immer noch rum da oben."

Rappel, der

nervöses Rucken
„Wenne nich gleich die Gosche hältst, dann krich ich n Rappel."

Rappelfutt, der

unruhiger Mensch
„Der Rappelfutt kann keine Minute still sitzen."

ratzen

tief, lange und ungestört schlafen
„Der hat geratzt bis inne Puppen."

ratzeputz

radikal, ausnahmslos, vollständig und ohne Rest
„Hat der Kerl den ganzen Kuchen ratzeputz aufgefuttert?"

raustun

bezahlen, auslegen, spendieren
„Wie viel willste denn für das Moped raustun?"

Reine machen

Gewinn, Ertrag machen
„Wie viel machste denn Reine dabei?"

reinziehen

genießen; sowohl in Bezug auf eine Mahlzeit als auch auf ein
Buch, einen Film oder ein Musikstück
„Hab mir gestern die Platte von den Rolling Stones reingezo-
gen."

Remmidemmi, das

Krach, lautes Feiern, Trubel
„Die haben bis dreie ein riesen Remmidemmi gemacht."

Reuze, die

derb für: freche, nicht besonders hübsche, weibliche Person
„Mit soner Reuze kannste dich nirgendwo hintrauen."

röppen

feste ziehen, hin und her bewegen
„Kannste mal aufhören, an der ihren Klamotten so rumzu-
röppen?"

Rotzbremse, die

Schnurrbart, Schnäuzer
„Werner hat sich ne Rotzbremse wachsen lassen."

Rotzfahne, die

gebrauchtes Taschentuch

„Räum ma deine Rotzfahnen weg. Hier siehts ja aus wie bei Hempels unterm Sofa!"

rüberschmeißen

(Aussprache mit kurzem „ü"); reichen, geben

„Ey, kannste mir mal die Butter rüberschmeißen?"

Ruihe, der

ursprünglich plattdeutsch für: Hund

„Nen schwatten Ruihen hat er dabeigehabt."

sauber

ironisch als Tadel, wenn jemand genau etwas verkehrt macht oder etwas voll danebengeht

„Sauber – steht zwei Meter vorm Tor und schießt ne Laterne!"

Schapp, der

ursprünglich plattdeutsch für: Schrank, Büffet

„Meine Fleppen müssten aufm Schapp liegen."

Scheibenkleister

Ausruf des Fluchens; etwas freundlichere Umschreibung für „Scheiße"; drückt Erschrecken über eine missliche Lage oder Situation aus

„Scheibenkleister! Noch n Teller is inne Uhr."

schicker

Zustand, der nach erhöhtem Alkoholgenuss eintritt; Vorstufe von „volltrunken"
„Gerda kam heut Nacht ganz schicker nach Hause!"

schickobello

schön, modisch; umschreibt den Gesamteineindruck einer Person, bei der Kleidung und Frisur eine Einheit bilden
„Schickobello, dat Mädel!"

Schickse, die

junges Mädchen, meist mit Kleid und Zöpfen; oft auch als Beleidigung für übertrieben aufgedonnerte oder freizügig gekleidete Frau
„Seit Hanna inne Stadt wohnt, is se ne richtige Schickse geworden."

Schisserken, das

eher zärtlich für: ein kleines Kind
„Na komm schon, du Schisserken, nimm de Finger ausse Nase und gib dem Onkel das Händchen."

Schlabberkappes, der

zu weich gekochtes, breiiges Ei, das nicht gerade wohlschmeckend ist
„Mit sonem Schlabberkappes musste mir morgens nich umme Ecke kommen."

schlabbern

sich bei einer Mahlzeit bekleckern, einen Flecken auf dem guten Kleid, der guten Hose hinterlassen, verschütten
„Grade neue Klamotten an und schon wieder am Schlabbern."

schlackern

etwas schnell, zügig schlendern, dranherlaufen
„Sie schlackert mal eben übern Markt.“

Schlackerwetter, das

unfreundliches Wetter, wenn es zugleich schneit und regnet
„Bei sonem Schlackerwetter setz ich kein Bein vor de Tür!“

schlapp

fast, nahezu, knapp
„Die Reise nach Malle, da musste schon mitm schlappen
Dusender rechnen!“

Schlappschwanz, der

kraftlose, nicht sehr willensstarke, männliche Person
„Mit sonem Schlappschwanz wie Karl kannste nix anfangen.“

schlauchen

a) ausleihen, schnorren
   „Schlauch mir mal ne Fluppe.“
b) anstrengend sein
   „Der Job schlaucht, da hab ich abends kein Kopp mehr
   für Wegfahren.“

Schlawanzuch, der

Sauerländer Aussprache von „Schlafanzug“
„Schlawanzuch an und ab inne Kiste!“

schlawenzeln

auch: „rumschlawenzeln“; sich irgendwo herumdrücken,
vor irgendjemandem herumdienern
„Der schlawenzelt den ganzen Tag inner Schlosserei rum.“

Schlawenzer, der

Tagedieb

„Von Maloche hat der Schlawenzer auch noch nix gehört."

Schleifen, die

(Mehrzahl); Geldscheine, Banknoten

„Für sone Karre musste schon n paar Schleifen raustun."

Schleimi, der

jemand, der sich in unterwürfiger Art bei seinen Vorgesetzten einschmeicheln will; den, der das am besten kann, bezeichnet man als „Oberschleimi"

„Der Alte hat diesem Schleimi gestern erst ma richtig die Meinung gegeigt!"

schleutern

herumstrolchen, herumstromern

„Zum Schleutern is die Buchse aber noch gut genug."

Schleuterbuchse, die

Hose für dreckige Arbeit oder für das Spielen im Sand

„Zieh die Schleuterbuchse an und dann ab in den Garten!"

Schleutersachen, die

Klamotten zum Rumschleutern

„Außer Schleutersachen hat der auch nix im Schrank, der Schlunz!"

Schluckspecht, der

Person, die sich gerne mal einen trinkt; Vorstufe von „Spritkopp" oder „Brenner"

„Da hat sich Martha aber nen Schluckspecht geangelt."

Schluffen, der

a) (Mehrzahl); Pantoffel, Hausschuh
„Frida, hasse meine Schluffen irgendwo gesehen?"
b) gutmütige, treuherzige männliche Person
„Der Schluffen kann auch nie Nein sagen!"
c) (Mehrzahl); Breitreifen
„Der hat sich gezz 185er Schluffen aufe Felgen gezogen."

Schlunz, der

unsauber aussehende männliche Person, unpassend gekleidet, nahezu gammelig
„Seife hat der auch noch nie gesehen. Und Klamotten von anno tuck, der Schlunz!"

Schlunze, die

unsaubere, fast gammelige weibliche Person
„Mit sone Schlunze würd ich nich durchs Dorf laufen!"

Schmacht, der

Hunger, Kohldampf
„Ich hab nen riesen Schmacht auf Pommes!"

Schmachtlappen, der

lange, dürre männliche Person
„Kerr, sonem Schmachtlappen wie dem kannstet Vater unser durch de Rippen blasen!"

Schmackes, der

a) Elan, Schwung, volle Kraft
„Der hat die Pille mit Schmackes ins Tor gekickt."
b) viel Verzierung, Oberflächenlack und Farbe
„Der neue Wohnzimmerschrank hat aber richtig Schmackes drauf!"

Schmandfutt, der

jemand, der mit vielen Worten wenig sagt oder so viele
Komplimente verteilt, dass es schon auffällt
„Der Schmandfutt labert ohne Punkt und Komma."

Schmecklecker, der

Genießer, Gourmet, jemand, der weiß, was gut ist
**„Am liebsten hätt er jeden Tag nen Sonntagsbraten,
der Schmecklecker!"**

Schmierlappen, der

auch „Schmutzfink"; jemand, zumeist ein Kind, das sich ungern
oder nicht richtig wäscht oder sich häufig dreckig macht
„Ohne Dusche kommt ihr Schmierlappen mir nich inne Bude!"

Schmutzfink, der

dreckige Person
„Der Schmutzfink hat de Seife auch noch nie gesehen!"

schnäbeln

küssen
**„Hans kann seine Pfoten nich von ihr lassen. Den ganzen Tag
schnäbeln se rum."**

schnallen

verstehen, begreifen, kapieren
„Nach drei Wochen Übung hattert endlich geschnallt!"

Schnöggel, der

Feinschmecker, jemand, der nur bestimmte Speisen oder Getränke
zu sich nimmt und eben nicht isst, was es gerade gibt
„Hier wird gegessen, wat aufn Tisch kommt, du Schnöggel!"

schnöggelig

wählerisch beim Essen

„Ida is vielleicht schnöggelig. Wo Fleisch oder Zwiebel dran is, isst se nich."

Schnuck, der

Süßigkeiten

„Omma hat immer n bisschen Schnuck für de Blagen."

schnuppe

auch „schnurzpiepe"; egal, nichts wert

„Is mir schnuppe, wie du das hintereinanderkrichs, Hauptsache, du kommst am Montag mit drei Schleifen rüber."

Schnütte, die

Nasenschleim, Rotze

„Wisch dem Balg mal die Schnütte weg!"

Schochen, die

(Mehrzahl); Beine; vor allem Fußballerbeine

„Son Treter, der hat mir nur aufe Schochen gestanden!"

Schotter, der

viel Geld

„Heinz is inne in Dunkel-Deutschland auf Montage und macht gezz jede Menge Schotter!"

schröggeln

anzünden, abbrennen; besonders das einst beliebte Abbrennen
des trockenen Grases an Gräbern und Ufern im März oder April
„Spiel nich mitm Feuer, sonst schröggelste dir gleich de
Buchse an.“

schroh

mager, dürr, schmächtig; eher im Hinblick auf Personen oder
deren Körperteile
„Elisabeth hat aber nen schrohen Hals gekricht.“

schruppen

einen Gegner schlagen, gewinnen lassen
„Die haben wir auswärts 6 : 0 geschruppt!“

schummeln

mogeln; beim Kartenspielen oder bei der Klassenarbeit
„Werner schummelt immer, wenn'wa Karten kloppen.“

schuppen

schupsen, wegstoßen; „anschuppen“ heißt in Schwung bringen
„Papa, kannste mich mal auf der Schaukel anschuppen?“

schwaren

auch „verschwaren“; verprügeln, verhauen, durchlassen
„Wenn die Alte weiterhin solche Spirenzkes macht, musste se
mal schwaren, dann weiß se wenigstens, wo et langgeht!“

Schwarte, die

a) dicke Haut

„Der liegt wieder mal aufe faule Schwarte."

b) dickes Buch, Wälzer

„Trude hat so ne Schwarte zum Geburtstag gekricht!"

Schwatte, der

a) Priester

„Der Schwatte hat heute von der Kanzel aber auch
einen Mist erzählt!"

b) Schiedsrichter

„Ohne den Schwatten hätten wa den Gegner geschruppt!"

c) ein Farbiger

„Nebenan wohnt n Schwatter."

schwiemelig

schwindlig, benommen

„Es wurd mir ganz schwiemelig vor de Augen."

Siff, der

auch „Süff"; dreckiger, schmutziger, schlampiger Zustand

„Ein einziger Siff, das Auto von innen!"

socken

dumm reden, labern, quatschen

„Das Socken von dem geht mir hochgradig aufn Zwirn."

spachteln

essen, vor allem in gemütlicher Atmosphäre

„Nich immer in diese Frittenschmiede gehen, lass uns mal
anständig was spachteln."

Spargeltarzan, der

schmächtige männliche Person mit sportlicher Neigung
„Vor zwei Jahren hatte der noch sone Plautze und heute is er
n Spargeltarzan!"

Speckkiste, die

Sarg
„Wenn der so weitermacht, kanner sich schon ma ne
Speckkiste vorbestellen."

Spinnewipp, der

dünne, schmächtige männliche Person
„Son Spinnewipp wie Kalli passt dreimal durch n Hühnerloch."

Spirenzken, die

(Mehrzahl); unangemessenes Tun, unnötiges Beiwerk, Streiche
„Hör endlich mit den Spirenzken auf und setz dich aufe
Buchse."

Spökes, der

Spaß, harmlose Streiche
„Brauchst dich nich zu erschrecken, is ja alles nur Spökes!"

Sprickeln, die

(Mehrzahl); Sachen, Dinge, Rödel
„Der fuhr mit seim Fiffi durchet Geplänte, dass einem de
Sprickeln umme Ohren flogen."

stibitzen

kleinere Gegenstände mitgehen lassen,
klauen, stehlen
„Pfoten weg, Stibitzen is nich!"

Sticken, die

(Mehrzahl); Zündhölzer, Streichhölzer
„Wenner euch nich gleich entscheidet, dann ziehn wa Sticken."

stickum

heimlich, still, leise
„Der sitzt ganz stickum inne Ecke und sacht keinen Pieps mehr."

Stiftekopp, der

auch „Igel"; Bürstenhaarschnitt
„Mit seim Stiftekopp sieht er aus wie'n Zarenmörder!"

strack

besoffen
„Der Junge war vielleicht wieder strack bis oben hin!"

strack machen

eine Rechnung bezahlen, eine Rechnung begleichen
„Lass uns die eine Sache strack machen, krist du alles bar auf die Kralle, aber ohne Sakramente, is doch auch für dich ein schönet Negergeld!"

strackstich

geradeaus, direkt
„Das Auto fuhr strackstich vor den Baum!"

stramm

betrunken
„Der is stramm wie tausend Russen!"

Streifen, der

Mist, Blödsinn

„Mit dir macht man nen Streifen mit." „Ralle hat sich gestern wieder einen Streifen zusammengespielt."

Strippenzieher, der

scherzhaft für: Elektroinstallateur

„Wenne die Kabel nich allein verlegen kannst, dann rufen wa halt nen Strippenzieher!"

Strülleken, das

Quelle, Rinnsal, kleiner Bach

„Sie sitzt aufer Bank oben am Strülleken im Wald."

strunkelig

leicht angetrunken

„Ferdi is ganz strunkelig nach Hause getorkelt."

Strunzlappen, der

auch „Strunztuch"; Einstecktuch, Ziertaschentuch für die Brusttasche eines Jacketts

„Hast dein Strunzlappen verloren, Rudi!"

Stunk, der

Ärger, Streit, Zoff

„Biste grade durch de Tür und schon gibt's Stunk!"

Stuss, der

Unsinn, Blödsinn, wirres Zeug

„Bei dem is echt n Ei am Wandern, erst sonen Stuss reden und dann auch noch von de Versammlung gewählt werden wollen!"

Sülle, die

lauwarmes Bier; lauwarme Suppe
„Mit sone Sülle brauchste mir auch nich ankommen."

sülzen

langatmig, schönfärberisch, aber inhaltsleer daherreden
„Der sülzt sich ein Zeug zusammen, dass eim der Zucker ausser Hose rieselt."

Tacken, der

ein kleines Stückchen, ein bisschen mehr
„Leg mal nen Tacken zu, sonst kommen wa zu spät."

Tibetrolle, die

Frikadelle (innen unerforscht)
„Von eine Tibetrolle wird der Rolf doch nich satt!"

Tinnef, der

Mist, Unsinn, Käse
„Wenne ständig sonen Tinnef machst, musste damit rechnen, rausgeschmissen zu werden!"

Titte, die

derb für: einzelne weibliche Brust; „linke Titte" meint sehr abwertend eine politisch links engagierte Frau
„Die hat solche Oschis von Titten!"

Titti, das

Säugling, Baby, Kleinkind; oft als abschreckende Ermunterung
für größere Kinder benutzt
„Bist doch kein Titti mehr!"

Tö, das

(Aussprache mit kurzem „ö"); Toilette, WC
„Sagen Sie Frollein, wo is denn hier das Tö?"

Tonne, die

a) sehr dicker Mensch
    **„Hubi is schon sone Tonne und trotzdem frisst er weiter
    wie drei!"**
b) Schulranzen, Tornister
    „Uli hat seine Tonne im Bus liegen lassen."
c) Mülleimer
    „Den Mist können wir inne Tonne kloppen."

tote Hose

nichts los
„Von wegen Remmidemmi, kein Schwanz da, alles tote Hose."

Träne, die

tranfunzlige, antriebsschwache männliche Person, die gute
Gelegenheiten verpasst; das weibliche Pendant: „Transuse"
„Willi, die Träne, der kommt einfach nich ausm Quark."

Transuse, die

lahme, langsame, kraftlose weibliche Person
„Auf die alte Transuse brauchste nich warten."

Traute, die

Mut, Wagemut
„Ob er wohl Traute hat, vom Zehnmeterbrett zu springen?"

Tröte, die

Horn, Trompete, Posaune; meist Kindertröte mit geringem Tonumfang, auf der hauptsächlich nur Geräusche produziert werden
„Steck endlich de Tröte weg, sonst krich ich n Rappel."

tucke tucke

keine Panik, immer ganz langsam, nur nichts überstürzen, keine jüdische Hast
„Bin ganz tucke tucke mitm Fahrrad ummen Hennesee gefahren."

tunken

jemandem einen Schlag, einen Fausthieb versetzen
„Wenne nich gleich ruhig bist, kriste sofortens eine getunkt!"

Töürffeln, die

Mehrzahl Kartoffeln
„Der dümmste Bauer hat die dicksten Töürffeln!"

Türkenkoffer, der

Plastiktüte aus dem Supermarkt
„Mit sonem Türkenkoffer würd ich nich übern Markt schlendern."

Türkenschaukel, die

auch „Türkenschiff" oder „Türkenporsche"; großer alter Pkw, möglichst ein Kombi oder eine großräumige Vierzylinderlimousine

„Der hat seine letzten Kröten für sone Türkenschaukel hingelegt."

Tussi, die

abschätzig für Frau, Freundin, leichtfertiges Mädchen, das öfter den Freund wechselt und etwas dümmlich ist

„Karl hat seiner Tussi für nen kleinen Totto ne Lederjacke gekauft, gezz geht se wieder wie anne Schnur."

twerst

auch „twers"; geistig durcheinander, wirr, übelgelaunt, verkehrt

„Unser Bruno war dermaßen twerst, ich habben ins Bett gesteckt, bisser sich beruhigt!"

Twersbraaken, der

unzufriedener Zeitgenosse, mit dem is nicht gut Kirschenessen

„Die Neue, das is vielleicht ein Twersbraaken!"

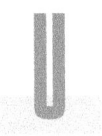

Urviech, das

origineller Mensch, westfälisches Urgestein
„So Urviecher wie Karl, die sterben leider aus!"

Va, der

(langes „a"); ursprünglich plattdeutsch für: Vater; grundsätzlich
nur mit dem besitzanzeigenden Fürwort „unser" oder „euer"
„Gehört dat Fahrrad unserm oder euerm Va?"

verbiestert

knutterig, unzufrieden, ein böses Gesicht aufgesetzt
„Der guckt vielleicht verbiestert ausser Wäsche!"

verbraten

a) verprügeln, jemandem einen heftigen Schlag versetzen

„Eugen ham'se aufer Fete erstma richtig verbraten."

b) Geld in großen Mengen ausgeben, so dass kaum etwas übrigbleibt

„Der hatte sein Weihnachtsgeld schon im November verbraten!"

verdorri

fein für: verdammt; zeigt eine gewisse Verärgerung an

„Verdorri nochma, gezz hab ich mich schon wieder verhauen!"

verdrücken

viel essen, eine große Portion aufessen; deutet einen Essvorgang an, der sehr schnell abläuft

„Päule hat den ganzen Kartoffelsalat verdrückt und sich nochn halben Kasten Bier reingezogen!"

verfransen

sich verfahren, verirren, verlaufen

„Hab mich in Barcelona dermaßen verfranst, dass ich nich mehr wusste, wo oben oder unten is!"

verhauen

verkatert, übernächtigt

„Der kam verhauen ausser Kiste gekrochen, datter gar nich gecheckt hat, wer dat war!"

verklickern

auch „verkleckern"; jemandem etwas beibringen, erklären, klarmachen

„Muss ich Sigrid erst verklickern, dattwa heute Abend aufe Schnur gehen wollen!"

verknacken

bestrafen, ins Gefängnis schicken

„Ihn ham'se mit drei Points in Flensburg verknackt, weil er mit echten achtzig durchet Dorf gebrettert is!"

versaubeuteln

eine Sache total falsch angehen, falsch machen, auch etwas verlegen und dann nicht wiederfinden

„Karl hat mit seinem Werks und Getue die ganze Baggerei mit de Tussi versaubeutelt!"

verschnuckern

sein Geld für Süßigkeiten oder Eis ausgeben

„Der hat sein ganzes Taschengeld verschnuckert!"

Vertälleken, das

ursprünglich plattdeutsch für: kleine Episode oder Geschichte, deren Wahrheitsgehalt in Zweifel gezogen werden kann

„Franz hat n Vertälleken in Umlauf gebracht, da biegen sich de Bäume vor Lachen!"

verticken

verhökern, etwas schnell und meist weit unter Preis verkaufen, so dass man trotzdem dabei noch ein Geschäft macht

„Kurt hat es tatsächlich fertiggebracht, die olle Rostlaube für drei Hunnis und n paar Gequetschte zu verticken."

verwahren

kleinere Kinder, aber auch Gegenstände vorübergehend in seine Obhut nehmen

„Bis ich von de Arbeit komme, verwahrt mir Oma den Krotzigen!"

Viech, das

(Mehrzahl: Viecher); Tier, eher im Sinne von Haustier, das mittelgroß bis groß ist
„Nachm Fußball muss ich erst die Viecher füttern."

voranmachen

(Betonung auf kurzem „o"); sich beeilen, etwas schneller machen
„So, gezz mach ma endlich voran, dattwa um fünfe fertig sind!"

wahne

sehr; vermutlich von „Wahn"; meist vor Eigenschaftswörtern
„Deine Buchse is wahne eng geworden!"

Walachei, die

rückständige, unwegsame Gegend
„Du, wir sind mitm Jeep durche Walachei gefahren, du, die Leute dort machen echt das Licht mitm Hammer aus!"

Wald- und Wiesen…

(in Zusammensetzungen); allgemein, nichts Besonderes, nichts Spezielles
„Ja, dat is son Wald- und Wiesendoktor, der schreibt dir mal n Paar Pillen auf, aber mit deim Leiden würd ich doch mal zum Experten fahren!"

sich wämmsen

westfälisch für: sich prügeln, hauen; meint eine ernsthafte
Auseinandersetzung mit den Fäusten
„Ham sich so richtig gewämmst!"

Wampe, die

dicker Bauch
„Der hat vielleicht ne Wampe gekricht!"

weiß der Geier!

bekräftigender Ausruf, wenn man zum Ausdruck bringen möchte,
dass man etwas nicht weiß und etwas ungehalten darüber ist
„Weiß der Geier, wann die zurückkommen!"

welsch

nicht ganz echt, zwielichtig; „Welsche" sind Personen, die an der
Grenze vom Oberbergischen zum Sauerland wohnen, die weder
westfälisch sprechen noch einen rheinischen Dialekt
„Der Junge is welsch." „Das n Welschen."

Weltmeister, der

a) ironisch für jemanden, der alles falsch gemacht hat und sich
   dumm anstellt
   „Du bist vielleicht'n Weltmeister!"
b) positiv übertreibend
   „Wir haben gestern Abend gekegelt wie die Weltmeister!"

Werks, das

Gehabe
**„Der hat immer ein Werks und Getue an sich, als wärer der
Papst persönlich!"**

wetzen

schnell laufen, rennen
„Der wetzt hinter dem Ruihen her, datter vollkommen ausser Puste is!"

Wippstert, der

a) Bachstelze
  „Guck ma! N'Wippstert aufm Ast da oben!"
b) unruhiger, zappeliger Zeitgenosse
  „Setzt dich mal ruhig hin, du alter Wippstert!"

woll

Allterweltswort und eines der meistgesprochenen Wörter im Sauerland; bekräftigt jeden, aber auch wirklich jeden Satz, woll! Das sprachliche Erkennungszeichen aller Sauerländer, woll!
„Du denkst anne Bockwürstchen, woll!?"

Wucht, die

Prügel, Schläge, die man von den Eltern erhält
„Watte bis Vatta nach Hause kommt, dann gibts erstmal ne Wucht, die sich gewaschen hat!"

wuchten

schwer arbeiten
„Den ganzen Tag schon am Wuchten!"

wullacken

körperlich schwer arbeiten
„Der wullackt schon seit Stunden im Garten rum, und der Lorenz knallt wie bescheuert vom Himmel!"

Z

Zammel, der

etwas Überstehendes, nicht Festgenähtes; meist an
Kleidungsstücken
**„Gib mal ne Schere, ich will dir den Zammel am Kragen
wegschneiden!"**

Zichte, die

Zigarette
„Schmeiß mal ne Zichte inne Runde!"

Zicke, die

hämisch für: eine dauernd schnippische und meckernde Frau
**„Mit soner Zicke zusammen sein, da is dat Fegefeuer ein
Sanatorium!"**

Zisemänneken, das

kleinere Feuerwerkskörper, die relativ ungefährlich sind;
eher beliebt bei Kindern
**„Mit Sticken würd ich das Zisemänneken aber ma nich
anzünden!"**

Zosse, der

altes Pferd, meist altes Reitpferd; auch recht abschätzig für
ein nicht sehr geschätztes Pferd
**„Der Zosse, wie der Fuchs dahinten, der zieht doch keinen
Hering mehr vom Teller!"**

zu

a) (gewöhnliches Verhältniswort)

„Gerda is zu Lisa geschlendert.“

b) (eigenständiges Eigenschaftswort, das auch gebeugt wird);
geschlossen

„Gestern wollt ich ihn besuchen und stand vor de zue Tür.“

zugange sein

gerade mit etwas beschäftigt sein; häufig in Antwortsätzen ver-
wendet, wenn der Fragesatz positiv beantwortet werden soll

„Hat er das Auto schon gewaschen?“ – „Er is noch zugange.“

Zwirn, der

eleganter Anzug

„Dem ham'sen Zwirn verpasst, aber vom Allerfeinsten!“

Zwockel, der

nerviger Zeitgenosse, von dem man keine besonders hohe
Meinung hat

„Kommt zu guter Letzt auch noch dieser Zwockel umme
Ecke und geht mir mit seim Gelaber hochgradig aufn Geist!“

Teil II

Viele werden nicht einmal aus dem Sauerland stammen und sind trotz alledem immer wieder herrlich zu hören. Oft haben sie eine so umfassende Bedeutung, die in wenigen Worten kaum zu erfassen ist. Sie alle sind wichtige Farbtupfer, die jedem Gespräch, jeder Unterhaltung, ja, mancher Rede sogar die gewisse Würze verleihen.

A

sich einen abbrechen
sich bei etwas sehr anstrengen und sich dabei ungeschickt anstellen

nen Abgang machen
verschwinden; Aufforderung, sich tunlichst fortzumachen

vom Allerfeinsten
vom Besten, Erlesensten und Schönsten; einer der
gebräuchlichsten Superlative nach einem Substantiv

einen am Appel kriegen
Zustände bekommen, ungeduldig werden

äppe to deite sein
auf dem neusten Stand, auf dem Laufenden; sehr frei aus
dem Englischen („up to date") ins Plattdeutsche übersetzt

den Arsch abfrieren
beliebter Ausdruck, wenn man deutlich machen möchte,
dass es sehr kalt ist oder war

jemandem den Arsch nachtragen
für jemanden alles erledigen, ihn übermäßig bemuttern,
ihm alles hinterhertragen

sich einen Ast lachen
heimlich vor sich hin lachen

B

den Bach runtergehen

auseinanderbrechen, durch besondere Umstände plötzlich
zu Ende gehen, scheitern

von der Backe putzen

ein Vorhaben oder einen Wunsch aufgeben müssen

ne Baggerfahrt in die Eifel gewinnen

Antwort an jemanden, der nach einem etwaigen Gewinn
oder Verdienst fragt und dem man zu verstehen geben will,
dass eigentlich gar nichts zu bekommen ist

nur Bahnhof verstehen

von einem angesprochenen Sachverhalt überhaupt nichts
verstehen

Bauklötze staunen

sehr überrascht oder sehr erstaunt sein

die Beine innen Bauch stehen

sehr lange warten

ne Biege machen

Aufforderung an jemanden, schnell zu verschwinden

schwaches Bild

vorwurfsvoller Kommentar gegenüber jemandem, von dem man eine bessere Leistung erwartet hätte

sich einen hinter die Binde gießen

etwas Alkoholisches zu sich nehmen

Black und Decker machen

ohne Rechnung zahlen

aufer Bleiche liegen

ermattet, müde, fix und fertig sein

keinen Bock haben

keine Lust haben

sich hinter ner Bohnenstange umziehen können

sehr dünn sein

nur von Bratkartoffeln und Stachelbeeren leben

keinerlei Ansprüche an das Leben stellen, sehr sparsam und asketisch leben

auf de Buchse setzen

sich intensiv hinsetzen, um zu lernen oder zu studieren

aufn Buckel nehmen

die Verantwortung für etwas übernehmen

den Buckel runterrutschen

Bemerkung gegenüber jemandem, dass einem alles egal ist
und man in Ruhe gelassen werden will

aufn Busch kloppen

übertrieben angeben

Butter bei de Fische tun

endlich zur Sache kommen, mit dem Wesentlichen oder
mit der Wahrheit herausrücken

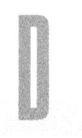

Deckel machen

auf Kredit des Wirtes trinken; auch „auf Latte trinken" genannt

einen aufn Dez kriegen

eine nicht ganz erfreuliche Ermahnung erhalten, Pech haben

dicke sein wie ne Axt

sehr häufiger Ausdruck über den Zustand der Betrunkenheit

dat arme Dier kriegen

das heulende Elend kriegen

in Dortmund zum Friseur gehen

auch „in Dortmund sich die Haare schneiden lassen"; ironische
Bemerkung, da normalerweise kein Sauerländer eigens nach
Dortmund zum Friseur fährt, verbindet man einen Nachtbar-
oder Bordellbesuch damit

einen Draht aus der Mütze gucken haben

spinnen, nicht ganz klar im Kopf sein

im Dreieck springen

von einer Situation völlig überrascht oder auch überfordert werden

drei Silvester aufm Durchblickerlehrgang gewesen sein

ironisch für: im Grunde genommen ein kluges Kerlchen sein

...und n Ei ausm Konsum

Kommentar gegenüber jemandem, der einen ziemlich
unmöglichen Wunsch äußert, der damit abgelehnt wird

n Ei drüber schlagen

nichts taugen, nichts wert sein

ein Ei am Wandern haben

total verrückt sein

F

die Faxen dicke haben
wenn es einem bis Oberkante Unterlippe steht

fertig sein wie'n Brötchen
geschafft sein, nicht mehr können

einen Flattermann machen
abhauen, wegziehen, von dannen gehen

ne Fleppe ziehen
ein betrübtes Gesicht machen

einen Föhn kriegen
etwas nicht mehr ansehen können, Zustände kriegen, zu viel kriegen

Friede, Freude, Eierkuchen
ironisch für: perfekte Harmonie und Eintracht nach vorausgegangenem Streit

jemanden frischmachen
jemanden auf Trab bringen, jemanden scheuchen

Ja, sind wir denn Friseure?
beliebter Ausruf, wenn man sich nicht lumpen lassen will und sich gegenseitig Mut macht

kein Fuck drin sein

kein Leben, keine Dynamik, keine Ordnung drin sein

kurze Fuffzehn machen

etwas schnell zu Ende bringen, ohne langes Hin und Her
Schluss machen

ne Fuhre abkriegen

etwas mitbekommen, etwas erhalten

den Führerschein aufe Rolltreppe gemacht haben

schlecht Auto fahren

was anne Füße haben

vermögend sein, reich sein, einer vermögenden Familie
angehören

G

inne Gänge kommen

losgehen, anfangen, starten

das falsche (richtige) Gebetbuch haben

die falsche (richtige) Parteizugehörigkeit haben

mit Gewalt ne Hitte hintenrum heben

mit roher Gewalt kann man sogar eine störrische Ziege
am Hinterteil bewegen

die Glocken läuten hören
etwas aussprechen, was eigentlich ein vages Gerücht ist

die Glotze anschmeißen
das Fernsehgerät anschalten

den Griffel weglegen
das Zeitliche segnen, sterben, den Löffel abgeben

Sieh mal einer guck!
na sieh einmal, na so was

H

sich etwas in die Haare schmieren können
dies oder jenes doch behalten, etwas weggeben oder vergessen können

einen inne Hacke haben
betrunken sein

Ich glaub, es hackt!
Ausruf ärgerlichen Erstaunens

seinen Hamster bohnern sehen
Ausdruck der Überraschung aus meist unerfreulichem Anlass und mit miesen Folgen für den Sprecher

nen flotten Heinrich haben

Durchfall haben

in seinem kurzen Hemd dastehen

einer bestimmen Situation nicht gewachsen sein

ausschauen wie bei Hempels unterm Sofa

in Unordnung sein, unaufgeräumt sein

für eine Hitte kein Heu haben

(geschweige gar für zwei; Betonung auf „eine"); wenn jemand zu hoch hinaus will, holt man ihn mit diesem Ausdruck wieder auf den Boden der Tatsachen zurück

Die Hitte wollte auch nen langen Stert ham!

Ausspruch zur Ablehnung eines oft lästigen Wunsches

vom Hocker fallen

traurig oder freudig überrascht sein nach einer unvorhergesehenen Nachricht

jemandem die Hucke vollhauen

jemanden verprügeln

jemandem die Hucke volllügen

lugen wie gedruckt

sich die Hucke vollsaufen

sich besaufen, sich betrinken

Da wird ja der Hund inne Pfanne verrückt!

spontaner Ausruf des Erstaunens

I

einen Igel inner Tasche haben
geizig, nicht spendabel sein

J

einen auf die Jacke kriegen
geschlagen werden, einen drüberbekommen

übern Jordan gehen
sterben, hinüber, kaputt sein

auf Jück gehen
auf Achse gehen, ausgehen zum Feiern

K

die Kacke am Dampfen haben
einen riesen Krach, einen riesen Streit haben oder bekommen

auf die Kacke hauen
übertreiben, angeben

inne Kacke packen
einen Missgriff tun, danebengreifen

einen im Kahn haben
etwas betrunken sein

Kappes reden
dummes, wirres Zeug erzählen

jemandem an die Karre fassen
jemanden verbal angreifen

jemandem nich an die Karre pissen können
jemandem nicht gewachsen sein, jemandem nicht das
Wasser reichen können

Da rappelts im Karton!
gleich gibt es handfesten Ärger, gleich gehts los

aufn Keks gehen
jemanden nerven, ärgern, stören

sich zanken wie die Kesselflicker
ständig heftigen, teilweise handgreiflichen Streit haben

aufm Kieker haben
besonders auf etwas oder jemanden achten, aufpassen; meistens
durch einen Vorgesetzten

den Kitt ausm Fenster fressen
außerordentlich arm sein

die Klappe halten
ruhig sein, aufhören, zu reden

knatschverrückt sein

gut drauf sein; jugendsprachlich für: voll drauf, auf dem Laufenden, in sein

nen Knick in der Pupille haben

kurzfristig etwas falsch oder unvollständig sehen

nen Knubbel annen Kopp labern

durch sein ständiges Geschwätz anderen auf die Nerven gehen

mit allem Komfort und zurück

ausgestattet mit jeglichem Luxus, mit allen Annehmlichkeiten

Wo kommse wech?

Aus welchem Ort, aus welcher Familie kommst du

Komma rübba!

Komm einmal zu mir/uns!

Dat hältste im Kopp nich aus!

etwas unerträglich, unglaublich finden

nen Kopp haben wie n Taubenschlag

Kopfschmerzen oder einen Brummschädel haben

bar aufe Kralle kriegen

Bargeld erhalten, meist Schwarzgeld und ohne Mehrwertsteuer

nich ausm Kreuz kommen

den Durchbruch nicht schaffen, nicht hochkommen

Ich glaub, mich kriegen'se!

ich glaub, ich werd verrückt

Wat krisse?

Was bekommst du dafür von mir?

jemanden lang machen

jemanden anmachen, zur Schnecke machen

auf larifari machen

eine Sache nicht fachgerecht und ernsthaft angehen und daher eine stümperhafte Arbeit erzielen

den lärri machen

Theater machen, Streit anfangen

nich alle aufer latte haben

nicht alle Sinne beieinander haben

auf die latte hauen

auch „aufn Kopp hauen", übermäßig Geld ausgeben in der Kneipe oder auf der Kegeltour

auf latte trinken

auf Kredit des Wirtes trinken

einen lauten machen

Lärm machen, laut werden

Ja, bin ich denn der Leo?

Ausruf, mit dem ein Wunsch empört abgelehnt wird;
ähnlich wie: Ich bin doch nicht euer Hanswurst!

das Licht mitm Hammer ausmachen

rückständig, unzivilisiert sein

ausm letzten Loch pfeifen

gesundheitlich oder finanziell sehr heruntergekommen sein

einen locker machen

einen spendieren, einen ausgeben

M

Manschetten vor etwas haben

Angst vor etwas haben

auf der Matte stehen

durch die schiere Anwesenheit einen gewissen Druck
auf jemanden ausüben

ne Meise unterm Pony haben

nicht ganz klar im Kopf sein

ganz schön mucker auf etwas sein

hinter etwas her sein, scharf auf etwas sein

Muffensausen kriegen

Angstzustände bekommen

sich ne Mütze Schlaf nehmen

sich etwas Schlaf oder Ruhe gönnen

N

spitz sein wie Nachbars Lumpi

lüstern sein, geil sein

jemanden nass machen

jemanden besiegen oder beim Sport einen Zweikampf gegen
jemanden gewinnen

für nix nutze sein

zu nichts taugen, für nichts zu gebrauchen sein

O

jemandem n Ohr abknabbern

jemandem mit seinem Geschwätz lästig in den Ohren liegen

sich die Ohren brechen

sich umständlich anstellen

die Ohren auf Durchzug stellen

sich umständlich anstellen

nen Satz heiße Ohren kriegen

eine schallende Ohrfeige bekommen

Da muss ne alte Omma lange für stricken!

Bemerkung, um zum Ausdruck zu bringen, dass ein genannter Preis relativ hoch ist

riechen (schmecken) wie Omma unterm Arm

stinken, scheußlich riechen (schmecken)

in Paderborn beichten müssen

so viel Schuld auf sich geladen haben, dass man beim Erzbischof in Paderborn beichten gehen muss

einen Papplus haben

in der Schule sitzen bleiben

einen Papst inner Tasche haben

ausgesprochenes Glück haben

jemandem auf die Pelle rücken

jemanden bedrängen, ermahnend oder drohend auf jemanden zugehen

jemandem auf der Pelle sitzen

jemandem lästig sein

die Pfanne heiß haben

auch „die Pfanne am Eitern haben"; verrückt sein, nicht mehr ganz sauber ticken

Da wird ja der Hund inne Pfanne verrückt!

Ausdruck großen Erstaunens

etwas (jemanden) in der Pfeife rauchen

auf etwas (jemanden) getrost verzichten können

jemandem einen vom Pferd erzählen

das Blaue vom Himmel lügen

die Pimpernellen kriegen

etwas nicht mehr aushalten können, Zustände kriegen

mit allem Pipapo

mit allem Zubehör, mit allem Luxus

die Platte putzen

sofort verschwinden; meist als Aufforderung

in allen Pötten rühren

überall mitmischen, überall seinen Einfluss geltend machen

dastehen wie Pülleken Doof

sich überflüssig vorkommen

bis inne Puppen schlafen

bis in den späten Vormittag schlafen

nich ausm Quark kommen
den Durchbruch nicht schaffen, nicht durchstarten

R

n Rad locker haben
verrückt, nicht mehr ganz richtig im Kopf sein

einen Rappel kriegen
ausflippen, nicht mehr ruhig bleiben können

etwas geregelt kriegen
etwas begreifen, auf die Reihe kriegen

etwas aufe Reihe kriegen
etwas planen und durchführen, etwas hinbekommen

ein Gesicht haben wie'n Rucksack
beleidigender Ausdruck ohne weiteren Kommentar

S

wissen, was Sache is
wissen, was los ist, wissen, was Ambach ist

jemandem aufn Sack gehen
jemanden nerven

angeben wie'n Sack Sülze
übertrieben angeben, protzen

um Sackhaaresbreite danebengehen
knapp danebengehen

voll im Saft sein
in des Lebens Blüte stehen

ohne Sakramente
ohne Mehrwertsteuer, am Finanzamt vorbei einen Betrag
erhalten oder bezahlen

fressen wie'n Scheunendrescher
unheimlich viel verdrücken, unheimlich viel essen

jemanden am Schlafittchen packen
jemandem an den Kragen gehen

jemanden ausm Schlamassel ziehen
jemanden aus einer misslichen Lage befreien

einen im Schlappen haben

angetrunken sein, betrunken sein

jemanden zur Schnecke machen

jemanden ausschimpfen, jemanden kleinmachen

wie'n Schneider frieren

erheblich frieren

keinen Schnief auf etwas haben

keine große Lust auf etwas haben

keine Schnitte kriegen

keine Chance haben gegen jemanden; hauptsächlich im Sport

ne Schraube locker haben

nicht mehr ganz richtig im Kopf sein

ein Schuss innen Ofen

ein Fehlschlag

einen aufe Schwarte kriegen

verprügelt werden

sein Schwein pfeifen hören

Ausdruck der Überraschung mit meist unerfreulichem
Anlass und mit miesen Folgen für den Sprecher; auch
„seinen Hamster bohnern sehen"

Kannste ma sehen!

Ausruf stolzer Bewunderung

in die Speckkiste kommen

sterben

einen Sprung inner Schüssel haben

verrückt sein

bei jemandem einen Stein im Brett haben

in jemands Sympathie stehen, von jemandem gut gefunden
werden und deshalb bevorzugt und gefördert werden

Stoff geben

Vollgas geben; auch „aufe Tube drücken"

Stoff kriegen

Schelte bekommen, eindringliche Ermahnungen erhalten,
Druck bekommen; zumeist vom Vorgesetzten oder der
Ehefrau bzw. dem Ehemann

Da brat mir doch einer nen Storch!

Ausruf unwilligen Erstaunens nach einer Neuigkeit

einen Streifen mitmachen

eine beachtliche Menge an Mühe, Arbeit und Verdruss auf
sich nehmen

n Strich inner Landschaft sein

sehr dünn sein; auch „sich hinter ner Bohnenstange umziehen
können"

sich anne Strippe hängen

telefonieren

T

Guck ma aufn Tacho...!

fahr langsamer

einen Tacken zulegen

etwas schneller erledigen, schneller arbeiten oder auch sich
schneller fortbewegen; auch „einen Zahn zulegen"

jemandem die Tasche volllabern

jemandem mit seinem Geschwätz auf die Nerven gehen

nich mehr alle Tassen im Schrank haben

gedanklich nicht mehr ganz klar sein

etwas innen Teich setzen

verhauen, eine Klassenarbeit oder Klausur nicht bestehen

auf Teufel komm raus

unbedingt, kategorisch

den Teufel tun

etwas kategorisch ablehnen; oft auch plattdeutsch:
„den Duiwel daun"

nich mehr ganz sauber licken

dumm sein, doof sein, Begriffsschwierigkeiten oder,
eine geistige Dauerschwäche haben

einen im Timpen haben

leicht angetrunken sein, einen Kleinen in der Krone haben

Tomaten aufn Augen haben

etwas, das für alle anderen klar ist, nicht begreifen

einen Totto machen

einen günstigen Preis machen, einen Sonderpreis machen

auf Trallafitti gehen

ausgehen, sich vergnügen, sich amüsieren

aufe Tube drücken

Vollgas geben

gar nich inne Tüte kommen

etwas strikt, bekräftigend ablehnen

inne Uhr sein

kaputt, defekt sein

Ach du dicker Valla!

Ausdruck der Überraschung oder Empörung; ähnlich wie „Ach du meine Güte!"

Verdorri nochmal!

verdammt nochmal, verflucht nochmal

keine Verträge haben mit etwas (jemandem)

mit etwas (jemandem) nichts anfangen können, sich nicht besonders gut verstehen

des Wahnsinns fette Beute sein

total schlecht oder falsch sein

jemanden in die Walachei schicken

jemanden in die Wüste schicken

Ich glaub, ich steh im Wald!

Ausruf der Verblüffung oder Verärgerung

mitm Kopf durch de Wand laufen

uneinsichtig und außerordentlich willensstark sein

ne Wärmflasche mit Ohren

scherzhaft für: Bettpartnerin

jemandem aufn Wecker gehen

jemanden nerven

inne Wicken gehen

kaputt gehen, auseinanderbrechen

sich wiegen lassen

zum Arzt gehen und seinen körperlichen, aber auch
geistigen Zustand untersuchen lassen

den Willen durchsetzen

eine Unterschrift leisten

in den Wind schießen

auffordern, sofort zu verschwinden, wegschicken, gehen lassen

über die Wupper gehen

sterben

die Würmer ausser Nase ziehen lassen

Geständnisse oder Informationen nur sehr langsam und
unvollständig preisgeben

nich in die Wurst taugen

wertlos, nutzlos, umbrauchbar sein

Z

einen Zahn zulegen
etwas schneller tun

jemandem aufn Zeiger gehen
jemandem auf die Nerven gehen; auch „jemandem aufn Wecker gehen"

in der Zeit von null Komma nix
auch nur „null Komma nix"; sehr schnell, rasant, in kurzer Zeit

einen Zug durch die Gemeinde machen
einen Ausflug unternehmen, der in zahlreiche Kneipen und Bars führt

einen Zwergenaufstand machen
sich grundlos übertrieben und übermäßig aufregen

Teil III

Ach, du dicker Valla, gezz kommen'se auch noch mit Grammatik umme Ecke!

Regel 1

Das R wird im Auslaut betonter Silben durch ein gleitendes A ersetzt, der Vokal wird länger gesprochen.

dort	spricht man	*doat*
Lerche	spricht man	*Leache*
morgens	spricht man	*moagens*
Kirche	spricht man	*Kiache*
Zwerg	spricht man	*Zweach*
Wurst	spricht man	*Wuast*

Regel 2

Das G im Silbenauslaut wird als CH ausgesprochen (Aufweichung). Dabei wird das CH nach hellen Selbstlauten (Ä, E, I) als „Ich"-Laut, nach dunkeln Selbstlauten (A, O, U) als „Ach"-Laut ausgesprochen.

bog	spricht man	*boch*
steigt	spricht man	*steicht*
flog	spricht man	*floch*
Katalog	spricht man	*Kataloch*
Krieg	spricht man	*Kriech*

Regel 3

Bei einigen Worten, die man sich am besten einprägt, bleibt ein langer Selbstlaut vor dem G bzw. CH nicht lang, sondern wird kurz ausgesprochen (gekennzeichnet durch einen Punkt unterhalb des Buchstabens).

Tag	spricht man	*Tạch*
mag	spricht man	*mạch*
D-Zug	spricht man	*D-Zụch*
Betrug	spricht man	*Betrụch*

genug	spricht man	genuch
er kriegt	spricht man	er kricht
Jagt	spricht man	Jacht
Auftrag	spricht man	Auftrach
Betrag	spricht man	Betrach
sagt, gesagt	spricht man	sacht, gesacht

Regel 4

Bestimmte Wörter werden trotz Doppel-S und kurz bleibendem
Selbstlaut mit stimmhaftem S ausgesprochen (wie bei „Nase" oder
„Liese").

Brassel	Knüssel
busseln	knüsselig
Dussel	Nüssel
fisseln	Hisseken
Fisselhaare	Massel
Gebrassel	

Regel 5

Nachdem wir zahlreiche Aufweichungen (R zu A, G zu CH) auf-
geführt haben, entstehen andererseits auch einige Verhärtungen.

das	wird zu	dat
was	wird zu	wat
es	wird zu	et, ette
Kopf	wird zu	Kopp
nichts	wird zu	nix
Bäumchen	wird zu	Bäumsken
Häuschen	wird zu	Häusken

Regel 6

Die Verkleinerungsform wird in der Regel mit dem plattdeutschen „ken" statt mit „chen" gebildet.

Hitte	verkleinert heißt	*Hitteken*
Maus	verkleinert heißt	*Mäusken*
Haus	verkleinert heißt	*Häusken*
Baum	verkleinert heißt	*Bäumken*

Regel 7

Unbestimmte und bestimmte Artikel werden an vorausgehende Verhältniswörter oder Bindewörter angehängt.

an die	*wird zu*	*anne*
für ein	*wird zu*	*fürn*
in die	*wird zu*	*inne*
um den	*wird zu*	*ummen*
von den	*wird zu*	*vonnen*
weil die	*wird zu*	*weile*

Regel 8

Der zweite Fall (Genitiv) existiert im Prinzip nicht. Es gibt zwei Möglichkeiten, die Eigentums-Beziehung auszudrücken.

meines Bruders Haus	heißt entweder	*mein Bruder sein Haus*
	oder	*dat Haus von meim Bruder*
wessen	heißt	*wem sein*
dessen	heißt	*dem sein*

Regel 9

Nur bei Eigennamen wird Regel 8 etwas verwässert, weil eine gewisse Vertrautheit und Bekanntheit in diesem übersichtlichen Gebiet zum Ausdruck kommen soll. Dabei wird allerdings die Stellung von Vor- und Nachname umgekehrt. Das geht sogar so weit, dass man akademische Titel hinter den Namen setzt.

Paul Schulte	heißt hier	*Schulten Paul*
Karl Müller	heißt hier	*Müllers Karl*
Doktor Wiese	sheißt hier	*Wiesen Doktor*

Regel 10

Unsere Sauerländer Umgangssprache kennt im Gegensatz zum Hochdeutschen eine richtige Verlaufsform der Verben. Das Wörtchen „am" vor einem Verb drückt genauso eindeutig wie die englische „ing"-Form aus, dass die betreffende Handlung andauert, andauern wird oder angedauert hat.

am Plästern sein
am Pennen sein
am Baden sein

Regel 11

Eine gewisse Abneigung gegenüber dem Imperfekt (der Vergangenheitsform) ist festzustellen. Sie wird meistens durch Perfekt, Plusquamperfekt oder die vollendete Verlaufsform ersetzt.

| *Es regnete gestern stark* | wird zu | *Es hat/hatte schwer geregnet gestern* |
| | oder | *Es war schwer am Regen gestern* |

Regel 12

Die verweisenden Wörter „dafür", „davon", „dazu" werden zu Satzverklammerungen auseinandergezogen.

davon hast du nichts	sagt man	*da haste nix von*
dazu komm ich noch	sagt man	*da komm ich noch zu*
dafür kann er nichts	sagt man	*da kann er nix für*
dazu fällt mir ein	sagt man	*da fällt mir zu ein*

Regel 13

Das weibliche persönliche Fürwort, dritte Person Einzahl („sie") wird gern durch das neutrale persönliche Fürwort, dritte Person Einzahl („es") ersetzt und zwar in der plattdeutschen Version („et" oder „ette").

Et wünscht sich wat zum Lesen.
Ette kam ma wieder zu spät inne Schule.

Regel 14

Fürwörter und Eigenschaftswörter werden oft gar nicht gebeugt.

Sie führt sich auf wie'n klein Mädchen.
Zieh dir mal n sauber Hemd an.
Im Urlaub hatten wir schlecht Wetter.
Wat unser Mutter sagt, wird gemacht.

Regel 15

Wenn Eigenschaftswörter doch gebeugt werden, dann meist auf plattdeutsche Art.

Dat is'n großet Tier.
Son teuret Kleid.

Fürwörter, die nach einem Verb stehen, werden direkt an das Verb angehängt und dabei stark verkürzt, teilweise wird sogar das nächste Wort mitangehängt.

Da bist du fertig?	wird zu	*Da biste fertig, wa?*
Kannst du das mal voranbringen?	wird zu	*Kannzedatma voranbringen?*
Das bekommst du nicht	wird zu	*Dat krissenich*
Da sagst du was!	wird zu	*Da sachste wat!*

	ihn haben	es können	sie wollen
1. Person Sg.	*habbichen*	*kannichet*	*willichse*
2. Person Sg.	*hassen/hasten*	*kannzet*	*willzese*
3. Person Sg.	*hattern, hattsen, hattesn*	*kanners, kannses, kannesset*	*willerse, willese, willesse*
1. Person Pl.	*hamwern*	*könnwert*	*wollnwerse*
2. Person Pl.	*happtern*	*könntert*	*wollterse*
3. Person Pl.	*hammsen*	*könnset*	*wollnsese*

Kausalsätze werden ungern mit „weil" oder „denn" eingeleitet, sondern lieber als Hauptsätze angehängt, indem ein „ja" die Begründung andeutet.

Ich habe kein Bier geholt, denn ich wusste nicht, dass ihr kommen würdet!	heißt hier	*Ich hab kein Bier geholt, wusste ja nich, datter kommt!*
Er hat die Stelle als Meister bekommen, weil er die besten Zeugnisse hatte!	sagt man	*Er hat den Posten Meister gekricht, hatte ja de besten Zeugnisse!*

Teil IV

Sauerländer Schimpfwörterlitanei

Laut einem „Spiegel"-Bericht ist unsere deutsche Sprache sehr
arm an Schimpfwörtern. Belgier, Franzosen und vor allen Dingen
Spanier und Türken gehen ganz anders mit ihren lieben Mitmenschen ins Gericht. Trotz allem kann sich unsere Sauerländer
Schimpfwortlitanei sehen lassen.

A

Aas

raffiniertes, leicht durchtriebenes Individuum

Abgelutschter

dat Beste von ihm is aufe Strecke geblieben

Abgezockter

zockt sich rotzefrech durchs Leben

Absahner

is immer da, wennet wat zu erben gibt

Affe

gehört noch mal hinter Gitter

Angeschissener

hat voll in die Schei… gepackt

Anstandswauwau

passt auf, dass nix anbrennt

Armleuchter

is geistig eher ne funzelige Latüche

Arschgeige

geigt bevorzugt auf den Nerven der anderen herum

Arschkriecher

bevorzugt den übelriechenden Weg nach oben

Arsch mit Ohren

sein Gesicht is auch nich gerade wie gemalt

Aufreißer

Wochenend-Casanova

B

Bagage

die ganze buckelige Verwandtschaft mit Tross

Balg

schleuterndes Straßenkind

Ballermann

hünenhafter Zeitgenosse

Bangebuchse

hat vorher schon die Hose gestrichen voll

Basselkopp

würd seinen Ehs noch vergessen, wenn der nich angewachsen wäre

Bauerntrampel

trampelt ungestüm durchs Geplänte

Linke Bazille

marschiert links von den linken Linken

Bic Mäc

is der Ober-Mäckes, deret Sagen hat

Blag

nerviger Nachwuchs

Blender

blendet nur ne knappe halbe Stunde auf, dann wirds zappenduster

Blindfisch

is so blind, datter am hellichten Tage durch de zue Tür geht

Blödmann

is eben so und lerntet auch nich mehr

Bratarsch

braucht beim Hinsetzen ein ganzet Sofa

Brenner

Wacholderschnaps-Großabnehmer

Brillenschlange

durch eine Brille verunstaltete Zeitgenossin

Bummskopp

ein Bumms und schon isser mitm Kopp durche Wand

C

Chaot

hinterlässt eine Spur von Weltverwüstung

Charakterschwein

hat so viel Charakter wie ein Schwein, nämlich gar keinen

D

Dämel

verdankt seinen Namen seiner Dämlichkeit

Datterich

vibriert mitten Flossen wie'n Zitteraal

Doofmann

einer, der schlicht und einfach doof is

Doppellgebackener

dunkelhäutiger Asiat

Döskopp

träumt durchet Leben, und wenner wat macht, dann garantiert das Falsche

Dräugen

der is so trocken, datter gar nich merkt, datter nass gemacht wird

Dreckssau

ein echtes Schwein, nur dreckiger

Dullmann

wo ein Wille is, muss für ihn nicht extra ein Weg sein

E

Emanze

sie kämpft mit wehenden Fahnen gegen die Männervorherrschaft, viel Feind, viel Ehr

Etepetete

wenn ausm Pinkelpott ein Kochtopf wird

Ette

schlicht und einfach „Sie"

Experte

Vize-Weltmeister im Falschmachen (Weltmeister: der Stratege)

F

Fatzke

son gesalbter Schönling

Ferkel

hat Aussicht, ein richtiges Schwein zu werden

Fettwanst

passt gerade noch auf die Hinterbank von nem VW Golf

Fickel

hat Aussicht, ein richtiges Ferkel zu werden

Fischkopp

Küstenbewohner

Flabes

son Halbgescheiter, ganz gescheit wird er nie

Flachlandtiroler

meint, in der Lüneburger Heide noch jodeln zu müssen

Fregatte

weibliches Schlachtschiff, das die größten Schlachten längst
hinter sich hat

Frierepeter

zittert selbst in der Sauna vor Kälte

Fritte
Belgier

Fuchser
beißt exakt in der Mitte einen Pfennig durch

Furk
biestiger Winzling

schräger Fürst
Aristokrat der Halbwelt

Furzknoten
gefährlicher, kleiner Gernegroß

Gartenzwerg
nich viel größer als ein Harzer Roller

Gehirnakrobat
macht perfekt inner Birne den doppelten Salto rückwärts

Geier
lauert an jeder Ecke und stürzt sich auf alles, was er kricht

Geräck
kann locker aus der Dachrinne trinken

geiles Gerät
kurviges Vollweib – Achtung Schleudergefahr

Gesocks
Haute Volaute von unten

Giebelfrigger
billiger kommt man nich an Haus und Frau

Giftzwerg
was ihm an Größe fehlt, spuckt er an Gift und Galle aus

Graupe
sportlicher Tiefflieger

Guddfutt
ne Seele von Mensch

Hahnenpampel
hat zwei linke Hände, zwei linke Beine und der Rest is auch nich recht solide

Halligalli
is auf jeder Katzenkirmes anzutreffen

schmales Handtuch
kann sich hinter ner Bohnenstange umziehen

Hänger

hat die Mentalität eines Kleidersacks

Haute Volaute

Provinz-Promis

Heini

Vertrauen is gut, bei ihm aber nich

Heiopei

das einzig Verlässliche an ihm is seine Unverlässlichkeit

Hering

halbe Portion

Heulsuse

wahne knapp am Wasser gebaut

Hippe

dürres Klappergestell

Hitte

störrische Geiß mit zwei Beinen

Holzkopp

wo andere Charme besitzen, hat er Holz und davon reichlich

Hühner

lästiges Weibsgefolge

Immi
eingeborener Sauerländer

Indianer
roter Bruder aus Dunkel-Deutschland

Inselaffe
Bewohner Britanniens

Ische
Weibsbild

Jammerlappen
Ritter von der traurigen Gestalt

Jango
Rächer der Enterbten

Jeusi
vorlauter Junior

Kalberkopp
albert sich durchs Leben

Kamuffel
hockt inner Ecke und wartet auf bessre Zeiten

Kanten
hat n Kreuz wie'n Kleiderschrank

Kaventsmann
telefonzellengroßer Zeitgenosse

Käsekopp
Bewohner des holländischen Tieflands

Kasper
so n Halligalli, der überall seine Männekes macht

Keule
kricht einfach die Kurve nich

Kindskopp
steckt seit Jahrzehnten in der Pubertät

Klinkenputzer
fleißiger Treppenterrier

Klöpper
haut drauf wie auf Kalt-Eisen

Klüngelskerl

königlicher Altwaren-Einzelhändler, en gros und en detail

Knacker

hat schon bessere Tage gesehen

Knacki

brummt noch'n paar Jährchen inner Kiste

Knalltüte

viel Schall und Rauch

Korinthenkacker

reitet auf seinen Prinzipien durch die Nacht

Kotzbrocken

seine Anwesenheit löst permanente Übelkeit aus

Krakusen

Hinterhof-Prominenz

Krauter

Unternehmer-Persönlichkeit

Krötziger

Nachwuchs-Rebell

Krücke

hoffnungslose Sportskanone

L

laberarsch

der labert dir echt ne Klinke annen Kopp

lackel

son Vornehmtuer

lahmarsch

dem kannste beim Gehen die Schuhe besohlen

lappes

son läppischer Flegel

lärrie

der regt sich synthetisch auf

lauschöpper

son Holländer, trinkt nur von anderen

leo

König der Verarschten

looser

ein Verlierer aufer ganzen Linie

lude

Brotsteinschwalbenwart

luftikus

lebt von Luft und Sonne

Lulatsch

der kann locker ausser Dachrinne trinken

Lusche

kricht nix hintereinander

M

Macker

ein derber Chauvi

Mamasöhnchen

ohne Mama läuft bei ihm gar nix

Matka

mütterliches Weibsbild

Maulheld

große Klappe, nix dahinter

Meckerfott

sein Lebensinhalt is Meckern

Methusalem

hat schon mit Bismarck im Sandkasten gespielt

Miesepriem

zieht die Mundwinkel bis aufe Knie runter

Milchbart

is noch wahne feucht ummen Bart rum

Mistbolzen

Scheusal

Mistviech

ein tierisches Stück Mensch

Möppel

eine fast kugelförmige Gestalt

Naseweiß

weiß alles, hört alles, sieht alles, merkt nix mehr

Nichtsnutz

für was Handfestes kannste den inne Pfeife rauchen

Niggel

hat selbst am lieben Gott was auszusetzen

Nulpe

König der Versager

O

Obermacker
is der, deret Sagen hat

Ochse
männliches Gegenstück zur dummen Kuh

Ölgötze
erstarrt in Ehrfurcht vor ner Kellermaus

Olle
Chefin, die zuhause den Laden schmeißt

Ömmes
liebenswerter Riese

Oschi
dito

P

Pannemann
rettet sich von einer Panne in die nächste

Pascha
lässt sich den Hintern aufm Tablett nachtragen

Penner

wird nie richtig wach, schläft selbst im Stehen

Pelze

„Herr Lehrer, ich weiß was, im Keller brennt Licht!"

Pflaumenaugust

wer soll ihn schon ernst nehmen

Pharisäer

Oberscheinheiliger

Pingel

sollte sich in Watte packen lassen

eingebildeter Pinsel

wandelt in höheren Regionen

Pinselquäler

quält sich echt beim Anstreichen

Plappermaul

plappert noch unter Wasser

Pohlbürger

für den is das Sauerland der Nabel der Welt

Pollack

liebenswerter Neubürger aus Polen

Pottkieker

My home is my castle!

Pummel

nur n Quack fülliger als die Venus von Milo

Püllologe

„Vatta, geh in Bett, fängt regnen an!"

Quacksalber

die meisten seiner Patienten liegen aufm Friedhof

Quarktasche

wenn die rumquarkt, musste die Ohren auf Durchzug stellen

Quasselstrippe

Weltmeisterin im Dauerreden

Quaterkopp

sein Reden stößt auf wenig Gegenliebe

Querkopp

wennet nich längst geht, dann gehtet meist quer

Rabauke
rüde und wilde Gesellen

Radaubruder
Krachmacher

Raffhaken
der krallt sich alles, watter nur kriegen kann

Ranterfutt
strampelnder Bettwälzer

Ratte
schafft emsig und fleißig im Untergrund

Reuze
ein nich mit Schönheit überschüttetes Weibsbild

Rindviech
Hornochse, Esel und Artgenossen

Rüpel
benimmt sich wie die Axt im Walde

S

Saftarsch
ein saftiges Arschloch

Satansbraten
die Ausgeburt des Leibhaftigen

Sau
weibliches Schwein

Saufkopp
säuft mehr, als der Kopp verträgt

Schäbiger
wahrlich kein Adonis

Schabracke
die Gesichtsälteste

Schaumschläger
große Fresse, nix dahinter

Scheich
lebt wie'n Wüstensohn immer auf großem Fuß

Schieber
hängt nur am Mittelkreis rum und pfeift nich, wenn abseits is

Schisserken

liebenswerter Nachwuchs

Schlaffi

kommt einfach nich ausm Quark

Schlampe

hat ne Frisur wie'n Mopp und verschleißt mehr Morgenmäntel
als Röcke und Kleider

Schlappschwanz

schafft gerade, nen Kasten leerer Bierflaschen innen Keller
zu tragen

Schlaumeister

theoretisch kricht ers hinternander

Schlawenzer

drückt sich überall rum und macht gut Wetter

Schleimer

hat Aussicht, ein Schleimscheißer zu werden

Schleimscheißer

hat Aussicht, ein Arschkriecher zu werden

Schleuler

streunender Straßen-Jeust

Schluckspecht

spuckt auch nich gerne ins Bier

Schludrian

„Hanna, wo is mein Hemd, wo sind meine Socken, Hanna,
wo bin ich?"

Schluffen

während ein Schlaffi einfach nich ausm Quark kommt,
kommt der erst gar nich rein

Schlunze

bei ihr siehts aus wie bei Hempels unterm Sofa

Schmachtlappen

wiegt zwei Pfund mehr als ein Tennisball

Schmandfutt

Weltmeister im Schönreden

Schmecklecker

Provinz-Gourmet

Schmierlapp

unsaubere Erscheinung

Schnapsdrossel

gibt mehr Geld für Schnaps aus als für Kosmetik

Schnöggel

pickt sich nur die Rosinen raus

Schnösel

son Arroganzki

Schrappnell

ein mehr als nervöses Weibsbild

Schreckschraube

Frankensteins Gesellenstück

Schussel

is so vergesslich, datter aufpassen muss, dattert Atmen nich vergisst

Schwachmatikus

hat den konzentrierten Schwachsinn vier Silvester lang studiert

Schwatter

ein Schiri – ein Priester – oder ein Neger

Schwätzer

laba saba taba

Schweinepriester

fickeliger Zeitgenosse

Schwitzarsch

ekeliger Saunanachbar

Seppel

Angehöriger des räuberischen Bergvolks südlich des Weißwurstäquators

Spaghettis

Angehörige des stolzen italienischen Volkes

Spanner

sieht sich stickum mitten Augen satt

Spargeltarzan

Sportskanone mit Hühnerbrust

Spinnewipp

hat Aussicht, ein Schmachtlappen zu werden

Spriti

ein dem Weingeist sehr Zugetaner

Stinkfisch

stinkt wie'n Hering in der Sonne

Stratege

Weltmeister im Falschmachen (Vizeweltmeister ist: der Experte)

Strippenzieher

Drahtzieher mitm Kurzen in der Hose

Suppenhuhn

zu lang gekochtes, zähes Frauenzimmer

T

Tagedieb

lässt den lieben Gott einen guten Mann sein und lässt die anderen wuchten

Tintenpisser

Oberbürokrat

linke Titte

Sozialistin vom linken Flügel

Tonne

taillenlose, tonnenförmige Gestalt

Tortenarsch

pflanzt sich in jedes erdenkliche Fettnäpfchen

tote Hose

so tot wie Theo Lingen

Trampel

trampelt ungestüm durchs Geplänte

Träne

dampfloses Geschöpf

Transuse

weibliche Schlaftablette

Tratschtante

verbreitet Tratsch und Klatsch in Hülle und Fülle

Treppenterrier

emsiger Klinkenputzer

Trottel

König der Dummen

Tunte

warmer Bruder

Tussi

kommste schneller dran als an Bargeld

Twersten

Wirrkopp in Vollendung

Urviech

eigentlich schon ausgestorben

Viech

urwüchsiges Ding

W

Wald und Wiesen ...
Weltmeister der Mittelmäßigen

Waschlappen
hat mehr Angst als Vaterlandsliebe

Weichei
alles an ihm is so weich wie seine Gehirnmasse

Weltmeister
Meister im Rhabarberbiegen

Wichser
oh, oh, oh, gleich gibts was aufe Jacke

Wichtigtuer
jeder Zoll ein Spinner

Windbeutel
wo andere Substanz haben, hat er nur Wind und heiße Luft

Wippstert
unruhiger Zappelphilipp

Z

Zampano
nur er sagt, was Sache is

Zicke
hat Aussicht, eine störrische Ziege zu werden

Zocker
passionierter Skatdrescher

Zwockel
hat Aussicht, ein Giftzwerg zu werden

„Der Sauerländer ist ungemein groß und wohlgebaut, vielleicht der größte Menschenschlag in Deutschland, aber von wenig geschmeidigen Formen; kolossale Körperkraft ist bei ihm gewöhnlicher als Behendigkeit anzutreffen. Seine Züge, obwohl etwas breit und verflacht, sind sehr angenehm, und bei vorherrschend lichtbraunem oder blondem Haare haben doch seine langbewimperten blauen Augen alle den Glanz und den dunkeln Blick der schwarzen. – Seine Physiognomie ist kühn und offen, sein Anstand ungezwungen, so daß man geneigt ist, ihn für ein argloseres Naturkind zu halten als irgendeinen seiner Mitwestfalen; dennoch ist nicht leicht ein Sauerländer ohne einen starken Zusatz von Schlauheit, Verschlossenheit und praktischer Verstandesschärfe, und selbst der sonst Beschränkteste unter ihnen wird gegen den gescheutesten Münsterländer fast immer praktisch im Vorteil stehen."

Annette von Droste-Hülshoff
(1824 auf ihrer Reise durch Westfalen)

Herbert Knappstein, geboren 1951 in
Lennestadt, aufgewachsen in Schmallenberg,
lebt seit 1976 als Kaufmann in Meschede.
Seit 1968 hat er in zahlreichen Publikationen
Aufsätze, Kurzgeschichten und Gedichte ver-
öffentlicht.

Warum ich dies schrieb

Mein Großvater mütterlicherseits, noch in Bismarks Ära geboren,
war ein zäher, geschickter und fleißiger Arbeiter, der gerade in
schwerer Zeit in der Lage war, seine sehr große Familie nahezu
autark zu ernähren. Eine Kuh besaß er, dazu Schweine und
Hühner. Seine beiden Felder bestellte er mit Kartoffeln und
Roggen, er baute Obst und Gemüse an und war auch fähig, ein
Dach zu reparieren und die Schuhe zu besohlen. Er konnte alles
gebrauchen und ließ nichts verkommen. Von ihm lernte ich,
einen scheinbar wertlosen Gegenstand zu beachten, seinen Nutzen
zu erkennen und auch seine Schönheit richtig einzuordnen. Von
ihm lernte ich das Sammeln, das Suchen und Finden und die
Freude darüber, lernte das Verändern der Wirklichkeit, aber auch
ihr Bewahren. Ich sehe ihn noch mit achtzig Jahren in einen
Birnbaum klettern, um die letzten Früchte zu bergen.

Viel später, als Großvater längst verstorben war, sammelte ich Silben und Wörter wie einst Gegenstände und Sachen, ich formte sie, ordnete sie, beugte sie, schrieb Aufsätze, Kurzgeschichten und mit Vorliebe Gedichte.

Zur Vollendung dieses Buches, eine Sammlung im wahrsten Sinne des Wortes, bestehend aus Wörtern und Begriffen der Sauerländer Alltagssprache, bedurfte es keines großen Suchens. Das Finden und Sammeln war leichter denn je: Als Kind dieser Region, seit Generationen hier verwurzelt, brauchte ich lediglich die Menschen in meiner direkten Umgebung zu beobachten, ihren Gesprächen zu lauschen, das Gehörte zu ordnen und niederzuschreiben. Es hat mir Freude bereitet, zumal all das, was ich hörte, meiner eigenen Sprache entsprach.

Neue Worte / Redewendungen

_____

_____

_____

_____

_____

_____

_____

_____

_____

_____

_____

_____

_____

_____

_____

_____

_____

_____

_____

_____

_____

Neue Worte / Redewendungen

Neue Worte / Redewendungen

Fotto

Urviech

Kump

Fenterfull

Dümmel

Ömmes

Rotzbremse

fuckelig

Köpper

Schochen

Minze

Buchse

Auszeit zum Genießen...

Kleine Auszeit vom Alltag gefällig?

Freuen Sie sich auf entspannte Tage in einer Region, die von Natur, Schiefer und Fachwerk geprägt ist. Erwandern Sie die Golddorf-Routen oder den deutschlandweit einzigartigen WaldSkulpturenWeg. Erradeln Sie den SauerlandRadring mit samt seiner Nordschleife! Genießen Sie die frische Luft und lassen Sie sich mal wieder rundum verwöhnen. Es erwarten Sie kulinarische Genüsse und das Feinste der Neuen Deutschen Küche!

Gästeinformation Schmallenberger Sauerland

Poststr. 7 | 57392 Schmallenberg
Telefon: 0 29 72 / 97 40 - 0

www.schmallenberger-sauerland.de

Eslohe

Schmallenberg

Das Magazin für die Sauerländer Lebensart

W.O.L.L.

Worte, Orte, Land *und* Leute.

WOLL erscheint in sechs Regionen im Sauerland.

www.woll-magazin.de